国家自然科学基金项目（41301152）资助

廊道遗产:时空演变与保护开发研究

李 飞 著

南开大学出版社

天 津

图书在版编目 (CIP) 数据

廊道遗产：时空演变与保护开发研究 / 李飞著. —
天津：南开大学出版社, 2017.1
ISBN 978-7-310-05339-1

Ⅰ.①廊… Ⅱ.①李… Ⅲ.①廊道－文化遗产－保护
－研究－中国 Ⅳ.①K928.78

中国版本图书馆 CIP 数据核字 (2017) 第 022993 号

南开大学出版社出版发行

出版人：刘立松

地址：天津市南开区卫津路 94 号　　邮政编码：300071
营销部电话：(022)23508339　23500755
营销部传真：(022)23508542　　邮购部电话：(022)23502200

*

天津午阳印刷有限公司印刷
全国各地新华书店经销

*

2017 年 1 月第 1 版　　2017 年 1 月第 1 次印刷
210×148 毫米　32 开本　5.75 印张　162 千字

定价：29.00 元

如遇图书印装质量问题，请与本社营销部联系调换，电话：(022)23507125

前　言

　　进入 21 世纪以来,廊道遗产在中国受到了社会各界的广泛关注。这是国力持续攀升、人民不断富足的现代中国,在精神领域寻求与大国经济地位相匹配的一种新的社会文化现象,也是中华民族在伟大复兴道路上的文化诀择。

　　廊道遗产是将欧洲文化线路理念和美国绿道、风景道、遗产廊道实践相融合,并结合中国大型跨区域遗产现实情况提出的。廊道遗产是指历史上或现代社会中,曾经或正在发挥交通运输功能的、由人的空间移动或人工建造形成的、跨越不同地理或文化单元的地上线路或水上通道。它具有遗产性、时空延展性、功能性等特点,在历史上和(或)现代社会中发挥着强大的文化、政治、经济、教育和生态功能。通过对廊道遗产的历史价值、现代功用、景观美感、保护紧迫程度等方面进行综合考量,参考文化遗产分级体系,制定我国廊道遗产判别标准,初步判定我国典型廊道遗产共 12 条,包括丝绸之路、茶马古道、京杭大运河、剑门蜀道、唐蕃古道、藏彝走廊、长江三峡、青藏铁路等。

　　本书在梳理分析区域空间结构理论和生命周期理论的基础上,从空间和时间两个维度对廊道遗产展开研究,具体探讨了廊道遗产的要素构成、空间结构、演变过程与作用机制、生命周期曲线、古今功能演化等一系列涉及廊道遗产内在机理与发展变化的理论和实际问题。在空间分析中,以模型分析和多尺度分析为工具,研究廊道遗产空间演变路径,而后总结出廊道遗产空间结构演变作用机制的五大类十五小类影响因素;在时间分析中,通过绘制廊道遗产生命周期曲线,并分阶段对廊道遗产生命周期进行论述,在检验和修正一般生命周期曲线的基础上,提出廊道遗产生命周期曲线的动态模型,最后从生命周期视角出发,研究了廊道遗产的历史和现代功能。

　　对廊道遗产进行时空分析的目的,一方面是为更加清晰地了解廊道遗产本质以及作用的发挥;另一方面是为廊道遗产当代的保护开发实践探寻理论依据。本书在明确遗产保护开发现实问题的前提下,以地格理论、CBD 理论、ASES 模型、嵌套式三角模型等遗产保护开发理论和模型为指导,从时空视角确定了廊道遗产保护与旅游开发的战略选择,并且指出了具体实施路径。

廊道遗产不是新生事物,但却是新生概念,对它的研究尚处于起步阶段。"一带一路"已经纳入国家发展战略,廊道遗产必然将在经济、政治、文化等多个领域发挥自身无可替代的作用。更重要的是,廊道遗产不只是遗产,它是囊括自然遗产、文化遗产和非物质遗产的遗产巨系统,是事关国家身份和民族精神的文化图腾。对廊道遗产的保护与传承功在当代,利在千秋。

目　录

第一章　绪论

第一节　研究的缘起

一、廊道遗产复兴现象

1. 遗产复兴的哲学思考

人类社会物质形态的发展与精神世界的怀旧总是并行不悖的一组平行线,人与地的关系构成了这组平行线中间的全部内容,这是亘古以来从未改变的事实。人类学家和地理学家无法按照理想中的学术分工那样去探索人或地的本质与机理,太多的交叉领域和共同的兴趣焦点使他们有了协作攻坚的课题。

社会的物质文明程度越高,人们所追求的精神境界就越高,对历史遗存和前世遗产就越加珍视。因此,经济发展与遗产保护便升级为全社会的集体诉求,同时也成为一组几乎坚不可摧的矛盾体,这正好回归了物质形态发展与精神世界怀旧那组平行线的矛盾本源。马克思主义哲学告诉我们,要透过纷繁复杂的现象抓住事物的本质,这是解决矛盾的关键。于是,学者和管理者们有了新的任务。

2. 中国廊道遗产复兴态势

改革开放为中国打开了经济发展的大门,在国力持续攀升、人民不断富足的现代中国,在精神领域寻求与经济地位相匹配已经成为一种新的文化经济现象。中华民族的复兴迫切需要强大的文化内核与精神内涵作为灵魂和动力,这不是某一个文化遗产能够承担的历史使命。因此,跨区域、跨民族、跨文化、跨古今的大型廊道遗产不约而同地成为中国社会关注的焦点。见表 1-1。

表 1-1　21 世纪中国典型廊道遗产大事记

	时间	重大事件 / 热点事件
丝绸之路	2004.11	游戏《丝绸之路》上市,玩家可在虚拟空间感受丝路魅力
	2005.10	中央电视台与日本 NHK 合作完成纪录片《新丝绸之路》拍摄
	2005.03	斥资 4.2 亿的丝绸之路(新疆段)文物遗址保护项目启动
	2006.08	中国、中亚五国、联合国教科文组织、世界遗产委员会达成"丝绸之路跨国联合申遗吐鲁番初步行动计划"
	2008.02	中国与亚欧 18 国签署意向书,通过 230 个项目改善古丝绸之路交通条件
	2008.12	国家旅游局《丝绸之路旅游区总体规划》项目通过评审,进入实施环节
	2009.11	《丝绸之路》大型展览在美国纽约自然历史博物馆开展
	2010.08	国际古迹遗址理事会西安国际保护中心和中国自驾游主流媒体联合发起的"丝绸之路复兴之旅"大型采访考察活动盛大启程
	2013.09	习近平总书记在访问哈萨克斯坦时提出构建"丝绸之路经济带",之后"一带一路"上升为国家战略,并写入十八届三中全会《中共中央关于全面深化改革若干重大问题的决定》
	2014.06	丝绸之路成功入选《世界遗产名录》
	2016	美丽中国 2016 丝绸之路旅游年
京杭大运河	2005.12	郑孝燮、罗哲文、朱炳仁三位国宝级专家联名致信京杭大运河沿线 18 位市长,建议京杭大运河"申遗"
	2006.05	由全国政协组织的京杭大运河保护与"申遗"考察活动在北京举行启动仪式
	2006.10	坐落于杭州的中国京杭大运河博物馆开馆,并对公众免费开放
	2008.03	大运河沿岸 33 座城市达成"大运河保护与申遗扬州共识"
	2009.05	国家旅游局发布《京杭大运河旅游线路总体规划》招标公告
	2010.04	用空间信息技术保护京杭大运河项目通过文化遗产保护科技平台结项验收
	2010.07	由国家文物局主办,国务院 13 个部委、运河沿线 8 省(直辖市)35 市参加的大运河保护和"申遗"工作会议在扬州召开
	2014.06	京杭大运河成功入选《世界遗产名录》
	2015.07	京杭大运河文化产业带高峰论坛在浙江杭州举行
	2016.02	大型纪录片《中国大运河 The Grand Canal of China》共 8 集在中央电视台播出

续表

	时间	重大事件 / 热点事件
茶马古道	2002	一张百年前通往香格里拉腹地的精美地图被意外发现,这张迄今最完整的茶马古道地图引起中外学者的高度关注
	2002.06	举办川、滇、藏茶马古道大型综合科学考察活动
	2004	《图说晚清民国茶马古道》《九行茶马古道》等图书出版,引发读者热评
	2005.07	电视剧《茶马古道》在中央电视台 1 套全国首播
	2008	全国政协十一届一次会议上,由单霁翔、刘庆柱等十余位全国政协委员提出第 3040 号提案,即"关于重视茶马古道文化遗产保护工作"
	2009.08	中国茶文化研究中心、中国茶马古道研究中心同时在丽江成立
	2009.12	中国国家文物局委托云南省文物局、茶马古道文化研究所对茶马古道的线路进行研究,同时对茶马古道整体申报世界文化遗产的可行性进行分析
	2010.04	首届"茶马古道节"在云南省普洱举办,以后每两年举办一届
	2010.07	中国茶马古道文化研讨会在丽江举行,会议收编论文 82 篇
	2011.04	甘肃省康县举办西北首场茶马古道学术研讨会,宣告西北茶马古道文化研究正式启动
	2016.02	北茶马古道的历史遗存和文物为主题的博物馆,在甘肃省陇南市康县建成开馆
	2016.05	国内规模最大的茶马古道文物巡展——《茶马古道——八省区文物联展》活动启动

通过对 21 世纪以来中国三条典型廊道遗产重大事件和热点事件的梳理,可见廊道遗产不仅为政府和社会各界所关注,而且对这些大型遗产的保护和开发已经提上了日程。此外,本书还对中国知网(CNKI)四个数据库(中国期刊全文数据库、中国优秀硕士学位论文全文数据库、中国博士学位论文全文数据库和中国重要会议论文全文数据库)近 30 年的文献进行题名(丝绸之路、大运河、茶马古道)精确检索并统计。见图 1-1 和图 1-2。

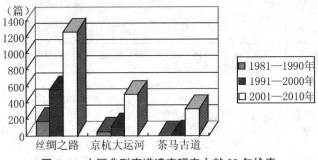

图 1-1　中国典型廊道遗产研究文献 30 年检索

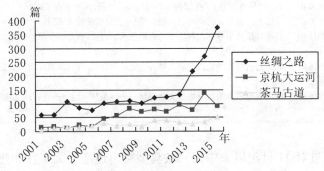

图 1-2　中国典型廊道遗产研究文献近 15 年检索

　　由统计得知,中国学术界对廊道遗产的研究呈现出逐年活跃的态势。不仅每隔 10 年研究文献数量呈数倍增长,而且近 15 年中,对廊道遗产的研究总体上表现出不断上升的势头。从学术研究的侧面也可以反映出廊道遗产的复兴势头。

二、实践偏差与问题提出

1. 实践偏差

　　中国社会和学术界对廊道遗产给予的极大关注一方面因为其本身具有强大的文化政治内涵,另一方面还因为对廊道遗产的开发利用可以促进遗产区域的经济发展、缩小区域之间或区域内部的经济发展差异、吸引区域外旅游者前来进行旅游活动从而实现社会收入的再次分配。在经济方面表现出的超强适用性使廊道遗产获得了更多的青睐。但是,目前的情况是,由于廊道遗产研究时间比较短,其概念、内涵、机理和判断标准还不十分明确,对如此大型遗产的保护和开发利用关系还尚未梳理清晰,跨区域廊道遗产所在的各行政区之间的分工与合作领域也尚没落实。因此,在实践中引发了一系列的误解和不尽人意之处。

比如,就概念而言就有廊道遗产、遗产廊道、文化线路、遗产线路、线性遗产、线性景观等。有的是欧美的舶来概念,有的是本土概念,它们所指的遗产大体相同,但又有若干差别。为了指导实践,需要有一个能够描述诸如丝绸之路之类大型跨区域遗产的最佳概念,将其内涵、价值表述得当,并将其判别标准细化,形成一个有利于解读和诠释大型跨区域遗产的概念体系。

又如丝绸之路、京杭大运河和茶马古道在专家的号召、政府的倡导和全民的拥护卜相继喊出了"申遗"的口号(前两者已于 2014 年申遗成功)。紧接着各种保护规划、科学考察、研讨会纷纷开展,专家组、工作组、领导小组、研究中心也纷纷成立。在如此喜人的"申遗"态势下,对廊道遗产本身的保护却接连出现了问题。世界遗产的金字招牌遮住了遗产本来的"光芒"。

再如区域经济发展和区域合作成为当下的热点话题,廊道遗产跨越多个行政区的特点使其发展必然面对多省区的合作问题。廊道遗产所涉及的区域合作主要存在于两个方面:一是遗产保护的合作;二是遗产旅游开发合作。前者多是为保护公共资源进行的无偿付出,后者又关系到各地方争夺旅游客源的竞争和博弈,所以合作开展异常艰难。

2. 问题的提出

实践的偏差自然有当地政府部门的利益驱动使然,但也有理论研究的不深入和不确切的深层次原因,因此亟须加以研究和突破。以上一系列实践偏差,引发了作者对如下一些问题的思考:廊道遗产概念的科学界定究竟有何理论意义和现实意义?廊道遗产的历史发展和空间演化究竟如何决定其功能选择,这些选择对廊道遗产当前作用的发挥具有怎样的影响?认清廊道遗产的当代功能对其保护开发究竟有何意义？通过什么样的方法和途径能够实现廊道遗产的区域保护与旅游开发的双赢？

第二节　廊道遗产提出的必要性

一、国际:现有遗产概念解释力不足

从国际遗产界对世界遗产的分类来看,目前没有廊道遗产这一类别。国际上曾经一度认可的运河遗产、线性遗产和现在人们经常提到的文化线路等均属于文化遗产的范畴,没有能够成为单独的遗产类别。可见,无论是国际遗产保护组织,还是各个国家,对当前大型线性遗产的概念阐释和类别划分还没有一个清晰的思路,没有能够建立一套相对完善的判断标准,对文化路线等概念的解释力和实践指导力也并不满意。近年来一系列的廊道遗产都是以文化遗产的身份被批准加入《世界遗产名录》的,这为大型线性遗产概念的研究提供了理论探讨的空间。

二、欧美:遗产概念在中国"水土不服"

欧洲遗产领域注重文化内涵,以历史说话,来展现西方文化源头的地位,以文化线路去勾起人们对欧洲曾经辉煌的向往。由于欧洲单个国家国土面积小,自然资源有限,因此文化线路中弱化了自然遗产的地位。而美国的疆域远比任何一个欧洲国家辽阔广袤,自然资源也较欧洲国家丰富。所以,历史较短、自然资源丰富的美国能够为一些历史并不久远的遗产去划出大片土地建立遗产廊道,从而实现一种"自然"的保护。从欧美遗产概念中,我们可以深刻地体会到其文化和社会的根植性。在指导中国廊道遗产保护过程中,它们不可避免地会出现力量"真空"。因为中国的廊道遗产不仅是文化遗产,同时也是自然力作用于人类社会的见证。由于我国人口众多、土地资源相对稀缺,也不可能像美国一样去实现"自然"的保护。因此,欧美概念与中国廊道遗产相结合时出现了"水土不服"的现象。中国呼唤符合自身现实情况的遗产保护理念。

三、中国：中华民族复兴需要文化引领

中华文化及作为其精华部分的文化遗产具有独特性。对于亚洲文化而言，中华文化处于"源泉"和"母体"的地位；相对于欧洲文化，她体现着另一种古老的文明，有着与欧洲文明同样的悠久历史和有过之而无不及的人文创造。中国正在民族复兴的道路上前进，要成为世界强国，应当有与这一身份相称的深厚、宽泛并极富引领力的文化作为精神向导。廊道遗产不仅囊括了无数卓越的人文创造，而且反映出中华民族与自然地理环境之间相当密切的人地关系和文化关联。可以说，廊道遗产是中华文化因子和自然力的结合，它的载体、物证、符号、象征，在中华民族伟大复兴过程中有着不可分割的基础性意义。

四、区域：遗产保护利用现实情况差强人意

随着经济的发展，现代化的交通方式和高速的信息网络将不同的区域密切联系在一起。很多地方，尤其是经济相对落后地区的文化传统日渐式微。文化趋同现象的加剧，一方面使得跨区域的交流更加频繁和顺畅，但同时也使得文化的多元性、异质性、复杂性减少，对文化遗产的保护造成不利局面。而廊道遗产正是接通不同文化、不同区域的桥梁和纽带，它能够以一个强大的主题文化包含或联系起多种文化系统。但遗憾的是，近年来兴起的廊道遗产"申遗"热，不仅没有从实践上形成对遗产保护的实质性利好，反而刺激了一些地方政府和官员不顾遗产长远的社会价值，过分追求短期经济利益的做法。为了扭转不尽如人意的遗产保护利用状况，必须加强廊道遗产的研究和管理，首当其冲的就是要明确廊道遗产的概念和内涵，并争取最大程度地在社会上获得认同。

第三节 研究目标及意义

一、研究目标

1. 对廊道遗产的概念进行探索性界定

在比较廊道遗产概念与其他相关概念的基础上，界定廊道遗产概念，提出廊道遗产的判别标准，将国外的舶来概念进行中国化的理论解读后，对不适合的概念进行剔除、对泛化的概念进行收紧，以期廊道遗产概念能够进入遗产学界和管理部门的视野，成为遗产家族的新军。

2. 从地理学视角认识廊道遗产的空间演变规律

解析廊道遗产要素构成和空间组织结构，探明这些要素在何种外力的作用下发生何种变化，从而影响廊道遗产的空间组织结构和整体空间形态。从不同的空间尺度（跨区域、区域、地方）对廊道遗产空间结构演变进行分析，总结其发展变化规律。

3. 从廊道遗产生命周期透析当代廊道遗产功能

通过对生命周期理论的动态修正，提出适合廊道遗产的生命周期曲线。通过对廊道遗产复兴的动力因子分析，总结出中国廊道遗产的现代功能，清晰地了解廊道遗产在中华民族复兴中的特殊历史作用，进而有利于为遗产管理部门和廊道遗产所在地各地方政府提供保护与开发依据。

4. 认清现存问题，提出廊道遗产保护开发方案

总结当前面临的遗产保护开发若干问题，基于时空维度评价廊道遗产的保护与开发现状，在时空视角下运用遗产保护开发的先进理论与模式探索适用于廊道遗产的保护开发方法，从而提出廊道遗产保护开发实施路径。

二、研究意义

1. 理论意义

对众多跨区域遗产概念进行筛选、比较、判断，说明廊道遗产概念

在诠释中国跨区域遗产方面的最佳适用性,从而实现研究对象与学术概念的统一。从地理学视角研究廊道遗产在空间和时间上的演变是一个极少涉及的研究领域。本书对廊道遗产时空演变的规律总结将为其保护、开发、规划、管理提供理论依据。现有研究更多关注的是单体遗产的保护与开发,其中以世界遗产为重点,对跨区域的廊道遗产研究相对缺乏。本书期望能够对丰富和完善廊道遗产理论体系有着一定的学术作用。

2. 现实意义

借廊道遗产复兴之东风,研究廊道遗产时空演变、现代功能与价值的发挥、保护与开发的具体实施策略,以助力民族遗产精神的弘扬和中华民族的伟大复兴。我国目前在遗产管理和保护开发领域面临着重重困难,遗产管理和旅游开发过程中对遗产的破坏屡现报端,成为社会攻击的对象。单体遗产尚且如此,廊道遗产保护开发处境更为不利。本书将致力于这方面矛盾的缓解。

第二章　廊道遗产概念源流与演进

第一节　源自美国的概念体系

一、绿道

1. 绿道的出现与发展

绿道不能从字面上简单地理解为绿色廊道,它是一种综合性的景观通道系统或网络,也是生态保护理念和规划方法,在美国有较长的发展历史。Julius G. Fábos(2004)将绿道的发展分为了五个阶段,即早期的景观设计和绿道规划(1867—1900)、景观设计与绿道规划(1900—1945)、环境运动影响之下的景观与绿道规划(1960—1970)、绿道运动的命名(1980—1990)和绿道运动的国际化(1990至今)。

绿道是伴随着美国"城市爆炸"现象而出现的。19世纪下半叶,美国工业化、城市化以及交通工具(火车、电车、公交车、私家轿车)的发展,促使城市围绕其中心呈环状向郊区扩展。在城市建成区过度拥挤、生活环境和工作环境不断恶化的状况之下,城市规划师和景观设计师们将公园和林荫道引入主要城市。20世纪初,这些努力融入美国国内掀起的绿道运动,共同指导城市发展。

绿道概念最早是美国著名环境学者 William H. Whyte(1959)在他的专著《保护美国城市开放空间》(*Securing Open Space for Urban America*)一书中提出的。20世纪80年代末90年代初,有两个重要事件极大地推动了绿道运动的发展。1987年,在美国户外活动总统委员会(US President's Commission on American Outdoors)报告中第一次引用了绿道一词:"未来,充满活力的绿道网络将为人们提供接近其居住地的开放空间,它将用景观连接起城市和乡村,并在城乡之间形成庞大的网络体系。"此外,报告还第一次把城市河道网络称为"流动的绿道网络"。官方文件对绿道概念的引用及说明表明绿道已经进入美国官方的视野。另一个重要事件是,Charles Little 的著作《美国绿道》(*Greenways for America*)于 1990 年问世,这本书对绿道进行了概述并介绍了 16 个绿道项目,它可以成为美国绿道规划的入门级读本,对绿道概念与规划思想在民间的普及和传播起到了非常重要的作用。

由于绿道规划思想受到了官方的重视并在民间快速传播,20 世纪 90 年代以来,绿道运动蓬勃发展。在理论研究方面,涌现出了大量的研究成果,出版了大量的研究专著,召集了不少绿道的学术会议,并出现了有关绿道方面的博士论文。Julius G. Fábos 和 Jack Ahern(1996)汇集了主要来自北美的 26 篇论文为《景观和城市规划》编辑了一期专刊,而后又将其成书出版《绿道:一场国际运动的发端》。于是,绿道运动很快蔓延到欧洲。1998 年 1 月欧洲绿道联合会成立,而且世界上数千个国际、国家和区域层次的绿道项目同时展开。

2. 绿道功能的日益拓展

很多绿道规划专家都将 Frederick Law Olmsted 视为绿道运动的发起者。1867 年,由他规划的波士顿公园系统被现代规划师公认为美国第一条绿道。它的主要功能是供人们游憩使用,同时兼具景观生态功能。这两项功能在此后的 100 多年里几乎主导了绿道的发展。

随着 20 世纪中后期绿道规划实践的深入,绿道的功能逐渐多样化。除了景观生态和游憩功能以外,Lewis 较早地关注了绿道的社会功能。他认为,同其他任何形式的开放空间相比,绿道更具有社会和个人的交流功能。进入 20 世纪 90 年代以来,学术界对绿道的研究进入了高潮期。Ahern(1995)认为,绿道是经过规划、设计、管理的线性网络系统,它具有生态、游憩、文化和审美等多重功能,是一种可持续的土地利用方式。Forman(1995)指出,绿道能够维护生态多样性、保护水源、为人们提供游憩机会、提高社区凝聚力和文化认同感、随着季节变化为一些生物种群提供迁徙路线。Fábos(1996)在给绿道定义时,不仅提到了绿道的生态和游憩功能,而且特别提出绿道还具有历史遗产和文化价值。Flink(2001)等学者在研究迈阿密风景小道时注意到了绿道的经济功能，绿道的建立有利于增加旅游收入，带动整个地区的商业繁荣。Arendt（2004）还注意到绿道与社区的联系和对社区产生的影响。

至此，绿道功能从最初的生态景观和游憩功能已经向着生态观景、游憩娱乐、文化审美、遗产保护、经济和社会发展等综合功能发展。虽然绿道功能有扩展和强化的趋势，但是根据绿道规划实践看，其最基本的功能仍然是景观生态功能。

二、风景道

1. 风景道概念与实践

西方世界的经济发展压力威胁到景观的视觉品质。因此，对某一个地区的开放空间和独特的自然文化特征的保护就成为景观规划的一个主要关注点。作为保护视觉资源战略的一项重要行动，美国很多州都通过立法来进行风景道的设计和建设。

风景道定义存在广义和狭义之分：广义的是指兼具交通运输和景观欣赏双重功能的通道；狭义的则专指路旁或视域之内拥有审美风景的、自然的、文化的、历史的、考古学上的和（或）值得保存、修复、保护和增进的具游憩价值的景观道路。从实践上看，风景道并不是一个严格的概念，风景公路（Scenic Highway）、自驾车风景道（Scenic Drive）、海岸公路（Coastal Highway）、乡村小径（Country Byway）、文化线路（Cultural Route）、公园道（Parkway）、河源小路（Headwaters Byway）、绿道（Greenway）、遗产廊道（Heritage Corridor）都可视为风景道。

1991 年，美国交通部在《综合运输能力法案》（Intermodal Surface Transportation Efficiency Act）的基础上推出了国家风景道计划（National Scenic Byways，简称 NSB）。1998 年，该计划在《21 世纪交通公平性法案》（Transportation Equity Act for the 21st Century）中再次得到认可。美国国家风景道计划由美国交通部联邦公路管理局负责实施，加入国家风景道计划的道路分为全美风景道（All-American Roads）和国家风景道（National Scenic Byways）。截止到 2010 年 11 月，共有分布于美国 46 个州（夏威夷、内布拉斯加、罗得岛和德克萨斯 4 个州没有）

的 120 条国家风景道和 31 条全美风景道被列入国家风景道计划。

2. 风景道的评判标准

如要加入美国国家风景道计划，必须通过严格的评判和审批才能够实现。通常评判标准有六个方面，见表 2-1。

表 2-1　美国国家风景道计划评判标准

类别	具体标准 / 要求
景观	具有与众不同的自然和人造景观，能够为人们提供愉悦而难忘的视觉体验
自然	人工建造未破坏自然生态（地形、地貌、水体、动植物），未对视觉环境构成污染
历史	拥有历史意义的自然或人造景观，具有教育功能，激发人们对历史的向往
文化	能够体现特定人群的传统习俗，如音乐、舞蹈、节庆、饮食、建筑、手工艺等
考古	拥有历史或史前人类生活的物质特征，具有教育意义和科学功能的遗存、遗迹
娱乐	通过自然和文化要素为人们提供户外娱乐活动的机会，为自驾车游客创造愉悦的驾车视觉体验，景观可以具有季节性，但是在不同季节娱乐活动均应得到重视

资料来源：根据美国国家风景道网络资源整理所得。

满足上述标准其中一项，就有机会成为国家风景道，而要成为全美风景道则必须同时满足两个或两个以上标准。从以上标准可以看出，风景道是景观设计和道路规划的成果，其主要理念不仅是强调道路和景观的美化，以及驾车人在旅途中的视觉愉悦；而且注重对道路沿线历史、生态、非物质遗产的保护和挖掘，强调人们在视觉达到愉悦的同时，还应该得到教育的机会和精神的满足。

三、遗产区域和遗产廊道

美国国家公园管理局（National Park Service）隶属于美国内政部，主要负责美国境内的国家公园、国家历史遗迹、历史公园等自然及历史保护。不论是以其广袤无际的野生景象还是以其小巧玲珑的建筑遗址，这些国家公园都展现着美国的壮丽风貌、自然和历史财富以及国家的荣辱忧欢。美国国家公园是美国最宝贵的历史遗产之一，它作为美国人的公共财产得到管理，并为让后代享用而得到保护维修。

国家遗产区域(National Heritage Area)属于美国国家公园体系,经国家公园管理局评价后,由国会审议通过。但是,国家遗产区域与国家公园管理局并无隶属关系,它也不为联邦政府所拥有或管理。国家遗产区域通常由州政府、非盈利机构或私人企业管理,有属于自己的保护法案和一系列特定的目标。国家遗产区域注重历史的保护,截至 2015 年底,美国共有国家遗产区域 49 个,其中 7 个线性遗产区域使用了不一样的名称,即遗产廊道。见表 2-2。

表 2-2　美国国家遗产廊道

黑石河峡谷国家遗产廊道 Blackstone River Valley National Heritage Corridor
特拉华和莱海运河国家遗产廊道 Delaware and Lehigh Canal National Heritage Corridor
伊利运河国家遗产廊道 Erie Canalway National Heritage Corridor
古拉赫 / 吉奇文化国家遗产廊道 Gullah/Geechee Cultural Heritage Corridor
伊利诺伊和密歇根运河国家遗产廊道 Illinois & Michigan Canal National Heritage Corridor
昆伯格河国家遗产廊道 Quinebaug and Shetucket Rivers Valley National Heritage Corridor
南卡罗莱纳州国家遗产廊道 South Carolina National Heritage Corridor

资料来源:美国公园管理局网络资料整理。

遗产廊道在美国的发展既与绿道运动密切相关,又与历史遗产的区域化保护紧密联系。作为绿色廊道和遗产区域的综合,一种新的遗产保护形式——遗产廊道的形成为线性遗产的保护提供了新的思路。遗产廊道是一个与绿道相对应的概念,绿道重点关注景观生态和游憩功能,而遗产廊道则主要强调区域历史文化的保护和社区的经济发展,当然也兼顾到自然生态系统的平衡。1984 年,美国国会立法指定伊利诺伊和密歇根运河为国家遗产廊道,这标志着遗产廊道概念的确立。

Flink 和 Searns（1993）认为："遗产廊道是拥有特殊文化资源集合的线性景观。通常带有明显的经济中心、蓬勃发展的旅游、老建筑的适应性再利用、娱乐及环境改善。"

可见,遗产廊道首先是一种线性的遗产区域,它涉及文化意义,可以是河流、峡谷、运河、道路以及铁路线,也可以指能够把单个遗产点串联起来的具有一定历史意义的线性廊道。遗产廊道又是一个综合的保护措施,自然、经济、历史文化三者并举,是一种多目标的保护体系。遗产廊道同时还可以成为战略性的生态基础设施,它不仅保护了那些具有文化意义的线性遗产区域,而且通过适当的生态恢复措施和旅游开发手段,使区域内的生态环境得到恢复和保护,使得一些原本缺乏活力的点状遗产重新焕发青春,为本土居民提供游憩、休闲、教育等服务功能。

根据绿道、风景道、遗产区域和遗产廊道一系列概念及其功能表述可知,它们彼此之间互有重叠（见图 2-1）,概念及内涵并没有十分清晰的界限。但它们有着共同的目标,即涵养自然生态、美化景观道路、创造游憩机会、保护历史遗产、发展地方经济。

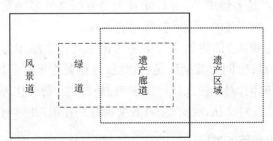

图 2-1　源自美国的景观／遗产概念关系示意图

第二节　源自欧洲的遗产概念:文化线路

一、文化线路的背景与提出

随着现代化、城市化的进程加快,对历史文化遗存和自然环境的破坏现象引起了人们的重视,早在1931年《雅典宪章》就提出"要着重保护它风景如画的特征"。1964年《威尼斯宪章》进一步提出要保护"城市的或乡村的环境"。人们把遗产保护的视野投放在范围更广阔的空间内,通过《马丘比丘宪章》、《内罗毕建议》和《华盛顿宪章》等重要文献的制定,表明了遗产保护范围已经由单体的文物保护扩大到对整个历史城镇的保护,遗产保护的区域化趋势明显。而且1972年联合国教科文组织制定了《保护世界文化和自然遗产公约》,正式把自然遗产和文化遗产一起作为具有普遍价值的遗产加以保护,明确了遗产保护的多类别、区域化方向。

在这种国际背景之下,跨地区、跨国家的文化线路(cultural route)作为一种遗产形式正在因为其崇尚的"交流和对话"理念而进入人们的视野。1994年,在西班牙政府的帮助下,在马德里召开了世界文化遗产专家研讨会,会议形成《专家报告》对文化线路进行说明。《专家报告》认为文化线路"建立在动态的迁移和交流理念基础上,在时间和空间上都具有连续性","它是一个整体,其价值大于组成它并使它获得文化意义的各个部分价值的新品种","强调不同国家和地区间的对话和交流","是多维度的,有着除其主要方面之外多种发展与附加的功能和价值,如宗教的、商业的、管理的等"。

在《专家报告》的附加文件中还讨论了文化线路作为世界文化遗产的判别标准:空间上其交流是否广泛,连接是否丰富多样;是否达到一定的使用时间,对社区文化产生影响;是否包含跨文化因素或产生跨文化影响;是否对文化、经贸、宗教等交流起到作用,并影响社区发展。

二、文化线路的发展

1998年,国际古迹遗址理事会(ICOMOS)成立了专门的机构——文化线路科学委员会(CIIC),负责文化线路类遗产的研究和管理。CIIC的成立标志着文化线路作为新型遗产理念得到国际文化遗产界的认同。1999年到2001年,CIIC先后召开了拉格拉会议(西班牙)、伊比扎会议(西班牙)、瓜拉吉托会议(墨西哥)和帕姆劳拉会议(西班牙),对文化线路的预登记、评价标准、申报等问题进行了具体讨论。

　　2001 年 CIIC 出版《无形遗产与文化线路的多元性》一书,囊括当时关于"文化线路"的学说、原则、理念、在研课题和项目等内容,并在 2002 年第 13 次 ICOMOS 大会上交流。同年 12 月 4 日,在西班牙马德里召开 CIIC 科学会议,以"与文化景观相关的文化线路在观念上与实质上的独立性"为议题,通过关于文化线路的三点基本共识,即马德里共识:第一,文化线路提供了一种新概念,以揭示文化遗产非物质的、富有生机的动态维度,从而在很大程度上超越了文化遗产的物质内容;第二,文化线路不产生于纪念物、历史城镇、文化景观等文化要素,相反,它是动态生成与富于生机的,它的动态性和历史文脉已经生成或仍在继续生成相关的文化要素;第三,文化线路不等于静态文化景观的串连和叠加,即使当一些文化景观位于某条文化线路上时,它们之间或许完全不同,或许在地理上彼此隔绝相距遥远。马德里共识特别强调文化线路无形的精神属性和连通古今的可传承性,专门指出文化线路不同于文化景观的实质,首次明确文化线路的原动力地位。马德里共识为此后文化线路的发展确立了基调。

　　在 2003 年 3 月举行的世界遗产委员会第六次特别会议上,ICOMOS 接受委托对《世界遗产公约操作指南》进行修改,将原来的"遗产线路"(heritage route)更名为"文化线路",并对其进行了详细说明。从此,文化线路成为世界遗产保护领域的一个新类别(但值得注意的是至今为止仍然不是《世界遗产名录》中的遗产类别。一些被列入《世界遗产名录》的文化线路都是以文化遗产的身份入选的)。见表 2-3。

表 2-3　以文化遗产身份入选《世界遗产名录》的线性文化遗产

年份	国家	文化线路
1993	西班牙	圣地亚哥·德·卡姆波斯特拉朝圣路 Route of Santiago de Compostela
1996	法国	米迪运河 Canal du Midi
1998	奥地利	塞默林铁路 Semmering Railway

1999	印度	大吉岭喜马拉雅铁路 Darjeeling Himalayan Railway
2003	阿根廷	科布拉达·德·胡迈海卡山谷 Quebrada de Humahuaca
2004	日本	纪伊山脉胜地和朝圣之路 Sacred Sites and Pilgrimage Routes in the Kii Mountain Range
2005	以色列	香料之路 - 内盖夫地区的沙漠城市 Incense Route - Desert Cities in the Negev
2007	加拿大	丽多运河 Rideau Canal
2008	意大利 / 瑞士	阿尔布拉 / 贝尔尼纳景观中的雷蒂亚铁路 Rhaetian Railway in the Albula / Bernina Landscapes
2009	英国	庞特基西斯特输水道及运河 Pontcysyllte Aqueduct and Canal
2010	墨西哥	内陆皇家大道 Camino Real de Tierra Adentro
2011	澳大利亚	尼格罗海岸 Ningaloo Coast
2014	中国	京杭大运河 The Grand Canal
2014	中、吉、哈	丝绸之路: 长安 - 天山廊道系统 Silk Roads: the Routes Network of Chang'an-Tianshan Corridor

资料来源：根据世界遗产网站 http://whc.unesco.org/ 中的遗产名录清单整理

　　在《世界遗产公约操作指南》修改过程中，ICOMOS 对文化线路给出了定义："文化线路是一种陆地道路、水道或者混合类型的通道，其形态特征的定型和形成基于它自身具体的和历史的动态发展和功能演变；它代表了人们的迁徙和流动，代表了一定时间内国家和地区内部或国家和地区之间人们的交往，代表了多维度的商品、思想、知识和价值的互惠和持续不断的交流；并代表了因此产生的文化在时间和空间上的交流与相互滋养，这些滋养长期以来通过物质和非物质遗产不断地得到体现。”

2005 年 10 月,第十五届 ICOMOS 大会在中国西安召开,会议形成了《文化线路宪章》草案。2008 年 10 月,在加拿大魁北克举行的第十六届 ICOMOS 大会上,《文化线路宪章》获得通过。

三、《文化线路宪章》阐释

由于文化线路作为一种新兴的遗产类型,具有强烈的理念特质。以往的众多研究,往往对其理论内涵和作为遗产类型进行保护的意义与价值强调太多,遗产的具体内容则语焉不详。《文化线路宪章》(2008)对此虽有较大改善,但遗产空间实体的基本组成部分及其特征表述仍较模糊,而这恰恰是决定遗产的申报类型、内容识别和边界确定的重要一环。

1. 文化线路的判断与识别

无论是陆路、水路或其他形式的交通线路,须有明显的界限,有特定发展动力和历史功能,服务于特定的、明确的用途,且满足下面三个条件的均可称为文化线路:

◆ 必须产生或反映人类的互动,以及跨越较长历史时期的民族、国家、地区或大陆之间的多维、持续、互惠的货物、思想、知识和价值观的交流;

◆ 必须促进其所影响的文化在时空上交流互惠,并通过其有形和无形的遗产反映出来;

◆ 必须将相关的历史关系与文化遗产有机带入一个动态系统中。

文化线路的基本识别指标应考虑如下方面:线路的结构及其地层基础;为特定功能服务的历史数据;与线路作用功能相关的结构;交通元素和线路中表现共享文化的遗存;在诸如音乐、文学、建筑、美术、手工艺、科技发展方面的相互影响,以及其他源自线路自身历史功能的物质和非物质文化遗产。

2. 文化线路的内容与要素构成

物质要素对文化线路来说是必要的,它可作为文化遗产的见证。而且非物质要素也能够从另外的角度印证文化线路的存在和发展。

文化线路首要的构成要素就是道路本身,它或作为工具服务于一个主观设计行动,或产生于实现特定目标的人类活动过程中。

其他基本要素是与其历史线路功能相关的物质遗产,如补给站、边境哨所、仓库、休息和寄宿地、医院、市场、码头、要塞、桥梁、交通工具、工业矿业设施,以及反映不同时代科技和社会进步的其他生产和贸易设施、历史城镇、文化景观、宗教圣地、礼拜和祈祷场所等。同时,还包括见证文化线路沿线及民族间交流和对话过程的非物质遗产。

3. 文化线路的真实性与完整性

每一条文化线路都要满足真实性要求,无论在自然还是文化环境中,真实地展现自身的价值,包括它的关键元素、物质和非物质的突出特点:

◆ 这些标准应当应用于研究线路中的每个部分,评估它在历史发展过程中相对于线路整体意义的重要性,并通过道路的遗迹来证实结构布局的真实性;

◆ 应当在分析评估的文化线路上各地段的自然和文化环境中看到,并表现在其历史功能和背景环境包括的其他物质和非物质遗产要素中;

◆ 即使文化线路有些地段的物质痕迹没有得到切实保存,但可以通过史料文献、非物质元素,证明该地段是文化线路不可分割的组成部分的非实体信息来源,来证明其存在的真实性。

文化线路完整性的确认,必须基于物质和非物质证据和因素的充分代表性,这些证据和因素证明该文化线路的整体意义和价值,确保一条文化线路的特征及历史进程的意义可以得到完整呈现。

历史关系和动态功能对形成文化线路突出特色至关重要,因此相关证据必须得到保存。此外,还必须考虑其物质构成和显著特色保存现状是否完好,破坏进程是否得到有效控制,文化线路是否反映出发展、遗弃或忽略导致的副作用。

4. 文化线路与旅游开发的关系

注意避免将旅游线路和文化线路相混淆,但也应承认文化线路是一个对增强地方凝聚力和可持续发展有重要意义的现实。因此,应当在加强对文化线路认识的同时,适当和可持续地发展旅游,并采取措施规避风险。为此,保护和发展文化线路,既应为旅游活动、参观路线、信息咨询、解说和展示等建设配套基础设施,又要做到不危害文化线路历史价值的内涵、真实性和完整性,这些是要传达给参观者的最基本信息。

应以环境影响评估结果,以及公众使用和社区参与规划为依据,采取旨在遏制旅游负面影响的控制和监督措施,合理管理旅游参观活动。

以发展旅游为目的的文化线路开放,在任何情况下必须优先考虑当地社区参与和当地及该地区的旅游公司。应尽力防止国际大公司和沿线较发达国家大公司的垄断。

四、文化线路的个案研究

文化线路研究文献可分为三类,第一类是对人造线性交通设施的研究,如铁路遗产和运河遗产;第二类是对历史上形成的文化线路的研究,包括宗教朝圣之路、民间传说之路、商贸之路等;第三类是关于当代文化线路构建的研究,构想和规划中的文化线路是此前尚不存在的,是基于多地相似的自然或文化资源串连而形成的,如北美尼亚加拉地区和葡萄牙百拉达的葡萄酒文化线路、南非德班地区的因南达遗产线路等。

在文化线路的个案研究中,大多会探讨文化线路与旅游业发展的关系,通过旅游业的发展来实现五个主要目标:①振兴地方经济;②促进城市和社区发展;③改善沿线生态环境;④保护地域文化;⑤唤醒身份认同。

文化线路被当作旅游吸引物开发,可为地方带来可观的经济收入,但也会给当地环境和设施造成巨大的压力。比如:世界遗产地澳大利亚西部的宁格罗海岸是著名的旅游胜地,每年旅游旺季接待大量游客,旅游业为当地创收的同时也对海岸自然环境造成了严重影响。当地将主要利益相关者纳入到环境保护计划中,广泛参与到旅游发展和环境保护活动中,这被称为"宁格罗模式"。

保护地域文化是文化线路得以持续发展的根基,而遗产地文化保护不只需要信息、培训和管理,更需要全体社区民众的参与。参与文化线路保护与开发的民众越广泛,就越能够唤起人们关于此条线路的文化和身份认同。而强烈的文化认同感又会反过来促进文化线路的保护,从而形成保护与发展的良性循环。

第三节　欧美概念的国内研究进展

一、欧美概念的比较分析

无论是概念的提出,还是遗产类别的设定,均源自它们特殊的历史和地理背景,只有将这些概念还原到其各自的文化系统和自然环境中去,它们才更加具有生命力。普世性的概念并非没有,但要经过不同文化和思想之间的碰撞和磨合,这一点在社会科学领域表现较为明显。

以绿道为核心扩展开来的美国生态景观和遗产保护概念体系,以及欧洲文化线路文化遗产概念,都对中国的大型跨区域遗产保护给予了理论指导和经验借鉴。在引进国外理论和借助欧美理念与中国具体实践相结合的过程中,中国学者们进行了诸多有意义的尝试,付出了很多心血和努力。这些尝试和努力对中国大型遗产的保护与开发实践是十分有益的。基于本书的遗产研究视角,只对美国遗产廊道和欧洲文化线路这两个涉及遗产保护的概念在中国的发展进行回顾。

2005年,李伟博士和俞孔坚教授在最初引入文化线路这一世界遗产保护新动向时就曾对遗产廊道和文化线路进行了比较。遗产廊道和文化线路具有共同点,两者都是具有动态特征的文化景观,以线路本身及其文化意义为基础,保护有形和无形遗产,强调区域之间的合作和振兴地方经济。在分析两者区别时,他们认为:文化线路更注重线路的文化意义和社会意义的严格性,更强调线路在文化上的影响、强调交流和对话;而遗产廊道则只是拥有文化资源的线性景观,尽管也强调线路的文化意义,但更多地以经济振兴为目标。

文化线路不可以与一些通过精心设计把相似的甚至是当代的遗产连接起来的路线混为一谈,也不能和那些连接着遗产但不是历史发展形成的路线,或被连接的遗产元素根本没有通过它形成共有文化交流的路线混同起来;而遗产廊道经常包括废弃煤田和采矿地等近代乃至现代的遗迹,对这些遗迹进行精心的景观整理,设立步道和自行车道,使之重新获得价值。

文化线路从遗产保护出发,把文化线路看作是一种客观存在的遗产种类;而遗产廊道更具有"草根"特征,更多的是作为一种地方发展战略或规划方法,这与美国历史相对较短、土地资源相对丰富密切相关。

由此可见,文化线路和遗产廊道在几个关键性问题上存在着区别,对这些区别划分不清是导致混淆概念、模糊研究对象的症结所在。但是同时这些问题也反映出当前学者们在大型线性遗产研究时抱有的良好愿望,即在文化线路近乎严苛的判别标准和遗产廊道的"草根"特征之间找到契合点。这也正是本书围绕廊道遗产这一新概念开展研究的重要原因之一。

二、研究成果统计

通过中国知网"高级检索",对"篇名"分别进行"线性(文化)遗产"、"文化线路"、"遗产廊道"、"廊道遗产"、"文化走廊"、"文化廊道"精确检索。检索结果分别按发文总数量、年度发文数量、基金类别、学科来源和发文机构进行归类整理,得到以下统计结果。见表2-4。

从发文总量上来看,文化线路最多(155篇),文化走廊/文化廊道次之(106篇),遗产廊道/廊道遗产排第三(97篇),以线性遗产或线性文化遗产为题的研究文章最少(51篇)。而且,从目前整理的文献看,不论以哪种名称出现,其研究对象基本相同,均涉及丝绸之路、大运河、茶马古道、长江三峡、藏彝走廊、剑门蜀道、徽杭古道、唐蕃古道、南方丝路、海上丝路等大型线性遗产。由此可知,我国线性遗产研究呈现出较为明显的概念泛化特征。进入21世纪以来,年度发文数量从无到有,大体表现出波浪式上升趋势。

表2-4 我国线性遗产研究文献统计表(2001-2014)

	线性(文化)遗产	文化线路	遗产廊道/廊道遗产	文化走廊/文化廊道	总计
文献总量	51	155	97	106	409
学科来源	文化35 旅游12 考古5 建工4 交通经济3 宏观经济2 公路交通2 ……	文化85 考古35 旅游30 建工16 国际政治5 民族4 中国史3 地理2 文化经济2 ……	旅游32 建工32 文化25 考古14 宏观经济3 文化经济2 资源2 ……	文化46 旅游28 文化经济8 交通经济5 宏观经济4 公路交通3 民族3 环境3 建工2 文学2 国际政治2 ……	文化198 旅游102 考古54 建工54 文化经济12 宏观经济9 交通经济8 民族7 国际政治7 公路交通5 环境3 中国史3 ……
基金类别	国家社科4 国家自科2 云南自科1 陕西教委1 国家科技支撑1	国家社科4 国家自科4 陕西教委1 博后基金1 博士点科学基金1	国家社科5 国家自科7 陕西自科1 云南软科学1 国家科技支撑1	无	国家社科13 国家自科13 国家科技支撑2 ……
发文机构	重庆师范大学4 西北大学3 曲阜师范大学3 北京城市规划院2 国家文化遗产研究院2 东北师范大学2 首都师范大学2 ……	华中科技大学6 同济大学6 贵州师范大学5 国家文化遗产研究院4 武汉大学4 北京大学4 四川师范大学4 四川大学4 清华大学3 复旦大学3 昆明学院2 ……	北京大学13 西安建筑科技大学6 昆明学院6 北京二外3 北京师范大学3 中国农业大学3 四川大学3 沈阳建筑大学3 清华大学3 四川师范大学2 ……	中共广西龙胜县委4 四川阿坝文化局3 ……	北京大学17 昆明学院8 四川大学7 华中科技大学6 同济大学6 西安建筑科技大学6 国家文化遗产研究院6 四川师范大学6 清华大学6 ……

从学科来源看（一篇文章可涉及不同的学科），线性遗产研究文献主要集中于文化（198篇）、旅游（102篇）、考古（54篇）和建筑（54篇）这四个学科领域。可见，目前国内学者对线性遗产关注最多的方面包括历史文化、旅游发展和景观审美。对线性遗产的其他方面，如经济、政治、民族、交通、环境等，也有一定的关注度，但总体来说这些领域的研究还比较薄弱。

从基金类别看，线性（文化）遗产、文化线路、遗产廊道和廊道遗产的国家级、省部级等各类基金数量相近，而文化走廊和文化廊道的文献没有基金支持。这说明文化走廊和文化廊道的文章多属于基础性研究或是介绍性文章。从发文机构的统计中，也可以对此判断给予佐证。在文化走廊和文化廊道方面发文最多的是中共广西龙胜县委和四川阿坝文化局，分别有4篇和3篇。这说明文化走廊和文化廊道的关注主体大多是行政机关和文化部门，而高等院校、学术团体和研究机构对其研究较少。在其他三类的统计中，发文单位几乎全部来自高校和科研院所，总计发文量北京大学最多17篇，昆明学院和四川大学分列二三位，发文量为8篇和7篇，华中科技大学、同济大学、国家文化遗产研究院等单位均有6篇线性遗产相关研究文章。

三、研究演进的三个阶段

1. 概念引入阶段（2001—2005年）

遗产廊道和文化线路是两个不同学科领域的主要研究对象，前者侧重廊道景观的构建和廊道沿线的生态系统保护，为来访者提供一个能够愉悦身心的休闲游憩空间，它兼具对廊道所串连起的历史文化资源给予保护的任务；而后者则重点关注文化线路遗产的整体保护，强调历史文化的重要意义和不同文化之间的交流与联系，同时也具有保护线路沿线文化和自然景观的责任。遗产廊道和文化线路在空间上和结构上的相似性，使研究者不免产生困惑，也因此容易将两个概念混淆。

2001年，北京大学的王志芳和孙鹏率先将源自美国的遗产廊道概念引入中国，并发表论文《遗产廊道——一种较新的遗产保护方法》，成为遗产廊道在中国学术界的开山之作。文章介绍了遗产廊道的概念、特点、选择标准、美国在遗产廊道保护方面的立法与管理,并从空间上分析了遗产廊道的构成要素,对其保护规划进行了重点阐述,而且还针对中国提出了启示。2004 年,同样来自北京大学的李伟和俞孔坚教授关注到了正在全世界蔓延的遗产保护区域化趋势,他们认为,这种趋势与美国绿道思想相结合而产生的遗产廊道已经成为一种遗产保护的战略方法,并以大运河为例说明了线性文化景观遗产保护的思路和意义。2005 年,俞孔坚、李伟、李迪华、李春波等人以台州市为例,运用最小累积阻力模型和 GIS 技术分析了快速城市化地区建设遗产廊道的适宜性,这也是技术方法对于我国遗产廊道建设的最早的学术探讨。随后不久,李伟和俞孔坚又在《世界文化遗产保护的新动向——文化线路》一文中对文化线路在欧洲的发展历程、概念、特征以及保护中的问题进行了梳理和探讨,这也是国内首篇关于文化线路的学术论文。至此,以俞孔坚为核心的北京大学景观设计学研究团队为遗产廊道和文化线路这两个在美国和欧洲已经颇具影响力的概念引入中国做出了重要贡献。

2. 研究逐渐深入(2006—2010 年)

国内关于遗产廊道和文化线路的文章逐渐增多(还有很多以其他名称出现没有被统计在本书之内的文章),并成为建筑学、景观学、生态学、遗产学和旅游学界共同关注的焦点。2006 年,文化线路还是一个新的名词,姚雅欣、李小青、吕舟、刘小方等人对其发展历程、概念、内涵、特征、文化遗产保护功能,以及文化线路的主要推动机构——国际古迹遗址理事会文化线路科学委员会和世界遗产委员会致力于文化线路方面的努力做了详细的介绍。

与此同时,遗产廊道的研究进入了以案例为导向的实践探索阶段。多位学者对国内的水路和陆路廊道进行了研究,如四川师范大学的李小波在三峡工程建设背景下,探讨了文物的旅游功能转化和遗产廊道构建问题;新疆师范大学的孙葛从文化景观、美学和历史的多重视角出发,来研究丝绸之路新疆段的视觉建构;朱强、俞孔坚等从保护运河沿线工业遗产的角度阐释了江南运河段工业遗产廊道的五个保护层次;乔大山、冯兵对漓江构建遗产廊道进行了探讨和研究 等。

2008 年以后,遗产廊道研究的重心开始向遗产保护领域偏移,与文化线路概念逐渐趋同。昆明学院的王丽萍在国家社会科学基金资助下致力于滇藏茶马古道遗产线路的研究,她先后发表了《试论滇藏茶马古道文化遗产廊道的构建》和《文化线路与滇藏茶马古道文化遗产的整体保护》两篇文章,主要内容都是关于茶马古道文化遗产的保护。李创新、马耀峰的《遗产廊道型资源旅游合作开发模式研究——以"丝绸之路"跨国联合申遗为例》研究丝绸之路的旅游开发和申报世界遗产的跨国合作,而李林的《"文化线路"与"丝绸之路"文化遗产保护探析》与前者也有着共同的研究内容。由此可见,遗产廊道和文化线路之间的分界越来越模糊。

3. 研究对象扩展(2011—2015 年)

随着我国经济持续发展与国际地位不断提高,民族复兴需要强大的文化动力和精神内涵。因此,全社会便将目光投向了大跨度、长距离、容纳多个遗产单体的线性遗产。这是人们在文化领域寻求民族身份认同和地方文化认同的集中表现。

近几年来,随着丝绸之路和京杭大运河成功入选《世界遗产名录》,茶马古道、海上丝路等线性遗产也相继成为"申遗热门"和研究热点。我国各地学者深入挖掘地方文化,又将一大批线性遗产推到了学术研究的前沿,使线性遗产研究对象迅速扩展。这些线性遗产有北京城中轴线、滇越铁路、唐蕃古道、藏彝走廊、奢香古驿道、百越古道、五尺道、剑门蜀道、川黔驿道、川盐古道、浮梁茶道、岭南走廊、景德镇瓷文化廊道等。

研究对象的扩展必然带来更加多样的学科视角和更加丰富的研究方法,有利于我国线性遗产研究继续深入。同时,跨越不同行政区域和文化板块的线性遗产可以将不同地区、不同民族的人们凝聚在一面文化旗帜下,从而增进民族团结、增强文化认同感,促进各区域间的交流与和谐共荣。由此可见,遗产廊道和文化线路之间的分界越来越模糊,而澄清概念、确定研究对象正是研究者的任务之一。

四、遗产保护的国际法规依据

对人类遗产保护的重视程度与社会经济发展水平呈正相关关系,也就是说,社会越发展、人类越进步,对遗产资源也就越加重视。从国际层面来看,20 世纪以来,联合国教科文组织、世界遗产委员会、国际古迹遗址委员会、国际建筑师协会等组织明显加快了遗产保护的步伐,发布了一系列公约、宣言(见表 2-5),客观上促进了世界范围内遗产资源的保护。

表 2-5 国际遗产保护的宪章、公约与宣言

法规文件	发布时间	发布组织	主要精神
《雅典宪章》	1933.08	国际现代建筑协会	认识到城市及其周围区域之间存在着基本的统一性
《威尼斯宪章》	1964.05	历史古迹建筑师及技师国际会议	意识到人类价值的统一性,并把古代遗迹看作共同的遗产,认识到为后代保护这些古迹的共同责任
《保护考古遗产的欧洲公约》	1969.05	欧洲理事会	捍卫并实现作为其共同遗产的理想与原则而取得更大团结。保护的第一步应将最严格的科学方法运用于考古研究或发现
《保护世界文化和自然遗产公约》	1972.11	联合国教科文组织	规定了文化遗产和自然遗产的定义,文化和自然遗产的国家保护和国际保护措施等条款,是全球文化遗产和自然遗产保护最具权威的纲领性文件
《阿姆斯特丹宣言》	1975.10	欧洲建筑遗产大会	认识到欧洲的独特性建筑是欧洲所有人民的共同遗产,并宣布了成员国相互协作并与欧洲其他国家政府合作保护遗产的意图
《马丘比丘宪章》	1977.12	国际现代建筑协会	规划必须在不断发展的城市化过程中反映出城市与其周围区域之间基本的动态的统一性。规划的专业和技术必须应用于各级人类居住点,以便指导建设的定点、进程和性质
《考古遗产保护与管理宪章》	1990.10	国际古迹遗址理事会	对考古遗产的保护不能仅仅依靠适用考古学方法,它需要较广泛的专业和科学知识与技能基础

续表

法规文件	发布时间	发布组织	主要精神
《奈良真实性文件》	1994.11	世界遗产委员会	强调保护文物古迹真实性的同时肯定了保护方法的多样性
《保护和发展历史城市国际合作苏州宣言》	1998.04	中国 15 个和欧盟 9 个历史城市的市长或其代表	强调应根据社会和经济发展的需要,加强对历史城市的保护,并按照可持续发展的原则,为未来寻求保护的途径和方法
《国际建筑师协会北京宪章》	1999.06	国际建筑师协会	当今的许多建筑环境仍不尽人意,人类对自然和文化遗产的破坏正危及自身的生存。时代赋予建筑师共同的历史使命,认识时代,正视问题,整体思考,协调行动
《国际文化旅游宪章》	1999.10	国际古迹遗址理事会	提供了一个关于原则方面的保护性宣言,为旅游和著名古迹遗址或收藏之间的动态关系提供指南,并提供一个对话的基础和管理这些关系时可以遵循的一套共同原则
《关于乡土建筑遗产的宪章》	1999.10	国际古迹遗址理事会	阐述保护乡土建筑的重要性,提出了保护和管理乡土建筑遗产的原则
《保护水下文化遗产公约》	2001.11	联合国教科文组织	认识到保护和保存水下文化遗产的重要性,所有国家都应负起这一责任,决心提高国际、地区和各国为就地保护水下文化遗产、小心打捞水下文化遗产而采取的措施的有效性
《保护无形文化遗产公约》	2003.10	联合国教科文组织	强调非物质文化遗产的重要性,它是文化多样性的熔炉,又是可持续发展的保证,意识到保护人类非物质文化遗产是普遍的意愿和共同关心的事项
《保护具有历史意义的城市景观宣言》	2005.10	联合国教科文组织	注意到当代建筑对世界遗产本身及其周边环境的影响不容乐观,越来越受到决策者、城市规划者、城市开发商、建筑师、保护主义者、财产所有者、投资者以及有关市民的关注
《西安宣言》	2005.10	国际古迹遗址理事会	将遗产和古迹的重要性提升到一个新的高度,提出保护遗产和古迹的对策、途径和方法
《北京文件》	2007.05	国际古迹遗址理事会	强调文化多样性与保护的关系,注重保护维修工程的记录建档,强调文化遗产管理、展示和培训等保障措施

资料来源:根据联合国教科文组织、国际古迹遗址理事会和其他相关网站资料整理。

　　由上表可知,《苏州宣言》、《北京宪章》、《西安宣言》和《北京文件》等多个国际遗产保护的国际章程和共识在我国发布,这充分说明了近年来,尤其是进入 21 世纪以来,我国在遗产保护领域的快速发展。随着融入国际遗产保护的步伐加快,中国国内遗产保护也取得了可喜的成果。如:2000 年 10 月《中国文物古迹保护准则》出台;2002 年 10 月《中华人民共和国文物保护法》获得通过;2003 年 5 月《中华人民共和国文物保护法实施条例》出台;2005 年 10 月《历史文化名城保护规划规范》正式实施;2010 年 1 月国家《自然遗产保护法》立法工作已经启动。

　　此外,一些省市或景区还就文化和自然遗产的保护单独出台法规条例。比如:《湖南省武陵源世界自然遗产保护条例》(2000)、《福建省武夷山世界文化和自然遗产保护条例》(2002)、《四川省世界遗产保护条例》(2002)、《西安历史文化名城保护条例》(2002)、《江苏省非物质文化遗产保护条例》(2006)、《浙江省非物质文化遗产保护条例》(2007)、《无锡市历史文化遗产保护条例》(2009)、《贵州省安顺屯堡文化遗产保护条例(草案)》(2010)等。

五、廊道遗产国内相关研究

　　廊道遗产是一个新的遗产概念,但以廊道遗产作为研究对象的文章却不在少数,其中涉及丝绸之路和京杭大运河的研究最多(见图 1-1 和图 1-2)。跨区域的大型线性遗产在国内的研究已经不算是新的课题,只不过它们以各样的名称出现,如线性遗产、文化走廊、文化线路、文化长廊、遗产廊道、大型遗产、区域遗产等,有的还以本来名称出现,如丝绸之路、京杭大运河、茶马古道、长江三峡、藏彝走廊、剑门蜀道、徽杭古道、唐蕃古道、南方丝路、海上丝路等,这为文献统计造成了一定的困难,但从另外一个角度也反映出研究成果的丰富多样。

　　廊道遗产研究在我国经过十几年的发展取得了丰硕的研究成果。本书将廊道遗产研究内容归纳为六个方面:廊道遗产的综合研究;线路走向与范围研究;功能与价值研究;民族交往与宗教传播研究;大型廊道遗产保护研究;廊道遗产与旅游开发研究。

1. 线性遗产的综合研究

线性遗产文献大多是结合案例的研究,宏观视角的综合性研究并不多见。俞孔坚等(2009)从景观规划、生态基础设施建设和遗产保护的多重角度讨论了国家线性文化遗产网络的构建途径,并提出了组成国家线性文化遗产网络的 19 条线性文化遗产。李飞、宋金平等(2010)在梳理了线性遗产国外概念和理念之后,建设性地提出了适合我国大型线性遗产发展的新概念,即廊道遗产,并对相关概念进行比较,具体阐述了廊道遗产的概念、理论源流及其价值。王丽萍(2011)从理论层面深度解析文化线路思想,并指出文化线路对我国遗产保护体系重构、多元文化保护、遗产旅游资源的保护与利用和加强世界、民族的交流与联系具有举足轻重的指导作用。刘庆余(2012,2013)阐述了线性文化遗产旅游合作的概念、特征和关键环节,并介绍了国外线性遗产保护利用的主要做法与经验。陶犁和王国立(2013)对国外线性遗产发展历程和研究进展进行了回顾。这些关系到线性遗产概念、模式、经验、方法等方面的文章为我国线性遗产探索合理的发展道路提供了有益的思路。

2. 有关线路走向与范围的研究

确定线路的走向和范围是跨区域大型线性遗产研究的基础性工作,是从历史和地理的角度为线性遗产研究进行时空界定的过程,很多历史学者、民族学者和文化学者在这方面做出了贡献。付文军(2009)在研究剑门蜀道时认为,剑门蜀道以剑阁古城为中心,北至朝天区朝天镇朝天峡,南至绵阳市梓潼县演武镇,全程 200 多公里,是纵贯古代中国西部南北走向的政治、军事、经济、文化和信息交流的伟大通道。周重林和凌文锋(2010)认为,茶马古道范围的划定有狭义和广义之分,狭义的茶马古道指的是起于云南、四川等传统茶叶产区至藏区和其他传统茶叶市场以换取藏区的皮毛等产品的交通运输线;广义的茶马古道是以云南、四川为中心的中国西南云南、四川、西藏、湖南、贵州、广西等省区及其毗邻的甘肃、陕西、宁夏和缅甸、印度、老挝等东南亚和南亚国家之间的传统交通运输线路。赵逵等(2007)致力于川盐古道的研究,他们认为,川盐古道分布与古代巴国疆域有关,分为水路和陆路。

陆路北起云安、大宁，西起渝东的酉、秀、黔，过长江往东，翻越大巴山、巫山，进入武陵山区，史称"官盐大道"；水陆通道由西向东主要有三条：第一条沿长江，西起长江边的产盐重镇，包括忠县、万县、云阳、奉节、巫山，过巴东、兴山、宜昌，进入湖北；第二条起于鄂西恩施，沿清江，过长阳，汇入长江通道；第三条沿酉水汇入沅江，再进入洞庭湖流域，这条线路，主要是为运送湘、黔之盐。关于藏彝走廊的范围，费孝通先生认为，藏彝走廊是民族区域概念，主要指今四川、云南、西藏三省（区）毗邻地区由一系列南北走向的山系与河流所构成的高山峡谷区域，亦即地理学上的横断山脉地区。李星星（2007）将藏彝走廊的地理坐标划定在东经97~105度，北纬25~35度之间，走廊的南北两端及东西两侧的界限，大体以其自然形成的转折地带为标志。

丝绸之路的范围和走向近年来研究和争议相对较少，人们普遍接受学术界对丝绸之路现有的线路划定，即以长安（今西安）和洛阳为起点，经甘肃、新疆，到中亚、西亚，并联结地中海各国，包括南道、中道、北道三条路线。而京杭大运河的走向和起始点从其名称中已经显而易见，因此相关探讨不多。

3. 有关功能和价值的研究

古代交通线路、军事工程、水利工程与重大历史事件在中华五千年文明史发展演变过程中对中国经济、社会、文化的发展起到了至关重要的作用。我国主要大型线性遗产均是如此，对它们历史功绩和遗产价值的研究也比较多见。比如：在论及藏彝走廊的价值时，唐晓霞和赖伟（2010）认为，除了多元文化价值之外，藏彝走廊还具有不容小觑的社会价值：人与自然和谐相处的环境保护价值、文化的远古性和现代性共存的民族文化发展价值和各民族共同发展的民族关系处理价值。李书恒和郭伟（2007）论述了京杭大运河的运输灌溉、政治、军事、经济、文化等历史功能，而后又将视角转向当代，进一步就大运河在"北煤南运"、"南水北调"、沟通城乡、遗产保护、旅游休闲、公众教育等方面的现代功能展开论述。宋蜀华（1996）在研究西南丝路相关问题时指出，西南丝绸之路对世界三大宗教的传播、对我国四大发明的西进、对古代商贸的交流都具有重要意义，同时东西方文化交流还促进了音乐舞蹈和手工技法发展。杜忠潮和柳银花（2011）构建了由廊道资源条件、区域社会条件、廊道生境条件和旅游保障条件与发展潜力4个方面、8大要素、32项指标组成的线性遗产评价指标体系，对西北地区丝绸之路进行了旅游价值综合评价。朱尖和姜维公（2013）也在他们构建的指标评价体系基础上对黄河故道线性文化遗产的旅游价值进行了评价，并从强化中心点、规划旅游区、构建遗产网络和深化区域合作等方面对黄河故道线性文化遗产的旅游开发提出了建议。

4. 有关民族交往与宗教传播的研究

线性遗产通常在地域上表现出跨区域分布的特征，它也因此成为民族交往的通道和民族交流的纽带。作为特殊的文化现象，宗教的意识流必然会伴随着人的空间移动在区域之间传播扩散。对于这方面的研究，很多学者给予了重视。熊燕（2006）将茶马古道比喻成一条精神的河流，对于本教、东巴教和藏传佛教在滇西北的传播起到特别重要的作用。翁乃群（2007）在研究藏彝走廊民族与文化现象时说过，几千年来的地理生态隔离性和相似性，以及不同民族社会文化的交流，一方面使该地区形成具有多元的、复杂的政治、经济、社会、语言、文化和宗教特色。另一方面，也形成了许多超越族群的独特物质和非物质文化现象。如：多偶制文化、母系制文化、家屋社会文化、碉楼文化、锅庄文化、"苯教"类信仰（以山神、水神、祖先、祖源地、教祖为崇拜对象）、猪膘肉文化、黄酒文化、酥油茶文化、麻布文化、毡子和毛布文化等。我中有你，你中有我；形同意不同，意同形不同；族同语不同，语同族不同；教同族不同、族同教不同等复杂现象，既有跨族群的文化，也有跨文化的族群。陆芸（2007）就海上丝绸之路与宗教文化交流展开了深入细致的研究，认为海上丝路不仅仅是古代中外贸易的线路，也是一条宗教文化传播交流的通道。早期佛教在中国的传播，就有不少外国或中国僧人取道海上丝绸之路，其中最著名的有昙摩耶舍、菩提达摩、法显、义净等。十六世纪天主教耶稣会传教士入华也大多通过海路而来，如利玛窦、汤若望等。中国的儒家文化、佛教、道教曾对周围国家通过海路传播产生了不小的影响。

5. 有关大型遗产保护的研究

除了众多对丝绸之路、京杭大运河和茶马古道等著名线性遗产的保护研究之外，各地学者还对平日不为人关注的线性遗产进行了广泛研究。比如：谭庆虎（2010）对巴盐古道沿线古村落的保护提出了建议；冬冰等（2010）通过对徽杭古道的介绍使这条徽商之路进入了人们的视野；付文军（2009）对剑门蜀道的保护所存在的具体问题进行了归纳，并提出了建设剑门蜀道保护区的设想；谭元亨（2008）提出了千里客家文化长廊的打造，通过八大节点的建设来保护这条历史上独特的移民之路等。此外，对京西古驿道、贵州龙场九驿文化线路、徽州古道、淮盐文化线路、百越古道、岭南走廊等线性遗产保护也有相关研究。

案例研究之外，很多学者还为大型线性遗产的保护寻找普适性的方法和途径。王景慧（2009）通过对《文化线路宪章》的研究，梳理了文化线路遗产的保护规划方法；李林（2008）在全方位地介绍文化线路遗产类别的同时，就理论和保护方法提出对我国文化遗产保护的启示；单霁翔（2006）对大型线性文化遗产进行了定义，并提出资源调查、编制规划、完善立法、加强管理、整体展示、社区参与、恢复遗产原真性和完整性等七项保护措施。

6. 有关遗产与旅游开发的研究

如今遗产已经不完全是一项事业，人们普遍接受其为一种产业，遗产的经济功能得到了认同，尤其是近年来遗产旅游的飞速发展使得遗产地获得了丰厚的经济收益。但是，遗产旅游开发为遗产地带来的负效应也日益显现，因此社会上出现了两种截然不同的观点。一些人主张：遗产保护应向地方经济发展让步；另一部分人则主张：地方经济发展向遗产保护让步。对于遗产保护和旅游开发这对矛盾的研究成为学者们关心的话题。

梁学成（2006）在讨论世界遗产旅游价值之后，提出了遗产保护性开发的四点对策，其中包括在遗产地承载力范围内的适度开发、科学规划、建立保护机制和改革管理体制。孙九霞（2010）从供给者和需求者两方面解释了将旅游作为遗产保护有效选择的理由，同时指出文化遗产并不等于旅游产品，要防止盲目的旅游开发。张朝枝（2006）从政府治理的视角研究了旅游与遗产保护,他认为世界遗产地旅游开发中资源处置权的非排他性与制度性监督的缺位共同导致世界遗产地政府治理失灵,为了更有效地促进旅游发展与遗产保护,应将资源的处置权由专门机构管理,同时建设制度性的监督机制。冯俊新等(2008)通过中国的跨省数据对文化遗产资源与区域旅游业发展之间的关系进行了实证研究,得出了文化遗产资源对于旅游业发展有显著促进作用的结论,并建议不同地区在发展遗产旅游时应该采取不同的政策。吴必虎等(2002)针对目前我国世界遗产地在保护和旅游开发中的矛盾,从人口压力、遗产地的空间结构、区域产业结构调整压力、潜在市场需求以及世界遗产地保护的资金需求角度,运用空间结构、计量地理学理论、GIS等技术手段,证实中国世界遗产地面临着旅游开发的巨大需求,进而论证了在我国对世界遗产地加强保护的必要性。除了多个著名大型线性遗产外,对滇越铁路、五尺道文化线路、哈大齐工业遗产走廊、景德镇陶瓷遗产廊道等一些地域性明显的线性遗产的旅游开发也有学者做了深入探讨。

通过对文献的不完全归纳可知,遗产保护和旅游开发涉及诸多方面:遗产价值、遗产地承载力、遗产旅游产品开发、遗产品牌形象营销、遗产地(景区)经营与管理、遗产旅游与区域发展以及用技术手段研究破解保护与开发矛盾的途径等。科学研究目的只有一个,就是要努力实现遗产保护与旅游开发的相互依赖、相互协调、相互促进,实现社会效益、环境效益与经济效益的统一。

第三章 廊道遗产概念与价值体系

第一节 廊道遗产概念与基本内涵

一、廊道与遗产的解释及类型

1. 廊道的含义和类型

廊道可以简单地解释为走廊和通道。走廊具有承载人流、物流空间移动的交通运输功能，通道则是不同空间节点过渡与交换的联络线，交通和联络是廊道所具备的两个最基本的特征。廊道的英文为"corridor"，基本的意思是"建筑物不同部分之间的走廊和过道"（a hallway or passage connecting parts of a building），后来延伸为"以道路或河流呈现的狭长土地或空间线路"（a strip of land or airspace along the route of a road or river）。

廊道根据其组成内容和生态系统可分为：河流廊道、生态廊道、景观廊道、动物廊道、城市廊道、旅游廊道等，廊道类型的丰富性反映了廊道结构和功能的多样性。见表 3-1。

表 3-1　廊道相关概念及其解释

生态廊道	具有保护生物多样性、过滤污染物、防止水土流失、防风固沙、调控洪水等生态服务功能的廊道类型
生物廊道	具有一定宽度的条带状区域，具有生态服务功能，能促进廊道内动植物沿廊道迁徙，达到连接破碎生境、防止种群隔离和保护生物多样性的目的，是连接破碎化生境并适宜生物生活、移动或扩散的通道
景观廊道	指不同于周围景观基质的线状或带状景观要素，能够连接起沿途多个斑块或景观单元的狭长通道，具有通道和阻隔的双重作用

续表

河流廊道	河流廊道是指沿河流分布而不同于周围基质的植被带，河流廊道是一种宽带廊道，分布在河道两侧，可包括河道边缘、河漫滩、堤坝和部分高地
城市廊道	城市廊道是在城市空间范围内存在的，由一种特定"关联关系"线为主导的带状空间，在与其关联的用地范围内，建筑形态或功能呈同质特征
旅游廊道	旅游功能区之间的林带、交通线及其两侧带状的树木、草地、河流等自然要素，有三种类型：区间廊，指旅游地与客源地及四周邻区的各种交通方式、路线与通道；区内廊，指旅游地内部的通道体系；斑内廊，指斑块之间的联络线，如景点的参观路线

2. 遗产的含义和类型

遗产简单地说就是"先人留下的财富"，包括精神财富和物质财富。联合国教科文组织和世界遗产委员会根据遗产的形态和性质将其划分为：文化遗产、自然遗产、文化和自然混合遗产、记忆遗产、人类口述和非物质遗产（简称非物质文化遗产）、文化景观遗产。此外，其他遗产形式还有农业遗产、湿地遗产、现代遗产等。见图3-1。

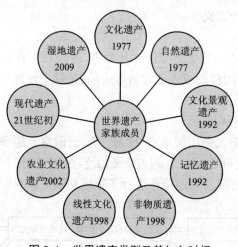

图3-1　世界遗产类型及其加入时间

在遗产家族中，最基本的分类是1977年世界遗产大会对文化遗产和自然遗产的划分，后来的文化景观遗产、记忆遗产、非物质遗产、湿地遗产等,都是从文化遗产和自然遗产中延伸出来的遗产类型。这为本书进行大胆的遗产类别创新给予了实践启示和理论依据。

文化遗产是"时间隧道",是历史的留存,是人们记忆的拼盘与见证,是具有历史、艺术、科学和文化价值的,属于私人、团体和国家所有的、有形财产和无形财富。它们应该受到国家和民族的保护,作为人类文明的见证而永久保存并世代相传。文化遗产不仅包括有形的艺术和建筑,如纪念碑、博物馆、历史街区、古迹遗址,而且还包括无形的语言、音乐、习俗、手工艺制作以及人们的生活方式。自然遗产是指自然界在演替和进化过程中形成的地质地貌、生态景观、生物群落与物种,其中代表者往往被冠以"自然保护区"、"国家公园"、"地区公园"、"地质公园"等称号。文化遗产和自然遗产好比大树的枝干,是衍生其他遗产类别的基础。清楚地把握两个基础概念及其内涵,有助于对其他遗产概念的理解和创新。

二、廊道遗产概念与特征

1.廊道遗产定义

（1）定义

廊道遗产是指历史上或现代社会中,曾经或正在发挥交通运输功能的、由人的空间移动或人工建造形成的、跨越不同地理或文化单元的地上线路或水上通道。

（2）定义图解

廊道遗产定义中出现了五个"或"字,它们将五组条件分别并列连接,五组条件之间也同时并列/交叉相连,分别从时间、功能、由来、空间和状态五个方面对廊道遗产进行了描述和限定。见图3-2。

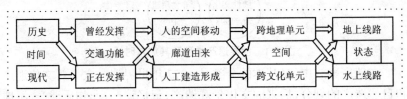

图 3-2　廊道遗产概念图解

（3）关于定义中"现代"的说明

就时间属性而言，廊道遗产可以是现代遗产，或者称为未来遗产，两者所指相同，都是当代人留给后代的财富。世界遗产委员会对现代遗产的定义是：19世纪以后出现的人类杰出创造，其口号是"人类献给未来的礼物"。国内学者习惯于将其称为未来遗产，如魏小安、王洁平（2006）提出要为未来创造文化遗产，阐述了创造未来文化遗产理论、动力机制和工作建议；李经龙等（2006）在对世界遗产权威性的质疑基础上，提出了世界遗产的出路，认为要有意识地去孕育未来遗产，把当代的文明足迹留给后人；阚如良、闫秦勤（2009）提出"未来遗产说"，要遵循可持续发展的原则，按照世界遗产委员会所确立的世界文化遗产评价标准，对具有时代特征的代表性文化载体或符号进行"遗产化"保护和开发，使之成为延续人类文明的未来文化遗产。廊道遗产秉承了代际公平和可持续发展的思想，致力于保护和传承当代的人文创造。

（4）关于定义中"功能"和"由来"的说明

廊道遗产限定于那些在历史上或现代社会中发挥交通功能的线路，这是廊道的基本属性所要求和决定的。历史上形成的廊道遗产大多相似于文化线路，因为它们大多是经过数百年或上千年的文化积淀和人的空间移动形成的，对不同区域、民族之间的文化交流、商贸往来、思想传播起到过重大作用。但是，它们又不完全等同于文化线路，是文化线路中发挥人流和物流双向通道作用的那一部分，并且这种作用不是一次性完成的。比如，历史上形成的"闯关东"、"走西口"、"徽商之路"、"长征故道"等，由于其不具有双向交通特征，而且循环往复的文脉积累凸显单薄，所以它们并不在廊道遗产的研究范围之内。对于现代形成的廊道遗产而言，大多则属于重大工程，即人工建造的，比如印度的大吉岭喜马拉雅铁路、我国的青藏铁路等，它们不仅是连接不同地域单元的通道，而且发挥着文化交流桥梁的作用，同时它们还是人类杰出的重大工程，对沿线的自然环境和野生动物保护意义十分重大。当然，历史上也有具有突出价值的人造工程，如京杭大运河，它在发挥交通运输功能的同时也起到文化传播的作用。因此，廊道遗产特别强调其交通运输功能的发挥和实现，这也是判别廊道遗产的一个必要非充分条件。著名的万里长城,虽然也是中华民族勤劳和智慧的结晶,但由于它在历史上和现代社会中并不具备交通功能,因而也不在本书研究之列。

(5)关于定义中"空间"和"状态"的说明

廊道遗产通常是体量庞大、跨越多个不同的地理单元(行政区或自然地理区域)或文化单元(民族、种族、宗教群体、语言族群)的大型线路,或水路或陆路。在空间上表现出的巨大的体量特征,说明了廊道遗产必然具有结构的复杂性、文化的多元性和地理的多样性等特点。廊道遗产在大尺度的地理空间范围内,其稳定性较为脆弱,原始线路经常随着朝代更迭、经济发展、交通改善、军事战争等各种社会因素的变化而变迁。有时在一条线路上可能衍生出一个廊道遗产网络。比如,京杭大运河作为古代南北商贸交通大动脉,最初只是连通中国东部五大水系的一条运河,但发展到后来已经成为一个主干明显、分支众多的河流水系。而且,在大运河的沿岸还产生了很多繁荣的城镇,城镇之间由陆路连接而成的文化经济网络也已经成为运河遗产的重要组成部分。再比如,我国西南地区的茶马古道,历史上因茶、马交易而兴起,起始点是产茶区云南普洱和四川雅安,终点是西藏拉萨。两条看似清晰的线路在西藏昌都地区交汇,然而由于多民族并存的人文地理环境和多山地河流的自然地理环境的影响,茶马古道形成了错综复杂的廊道遗产网络,并且起止点继续线性延伸,远至东南亚、南亚国家。这样一来,地理空间的不稳定性为廊道遗产提高了研究难度,因此研究廊道遗产的空间结构演变成为一个必要而且重要的课题。

2. 廊道遗产概念内涵

定义是对概念本质属性的规定性描述,概念是对定义的延展和进一步释义。概念可以通过定义来把握,但真正把握一个概念必须把握这个概念的内涵与外延,通过定义推论的过程就是揭示概念内涵的过程。因此,根据上述廊道遗产定义应当继续对其概念内涵进行深入解读,其内涵可概括如下:

◆ 历史上或现代社会中形成的,并对社会的发展、民族的进步、不同国家、政权或地区之间的政治、经济、文化交往起到过重大的推动作用；

◆　能够体现民族精神、塑造意识形态，是国家"文化身份"或"民族身份"的象征；

◆　以文化价值为核心，突出政治、经济、教育、生态等功能；

◆　存在于广阔的地理空间内，通常跨区域（地理区划和文化区域）、跨国界分布；

◆　本身不仅是遗产，而且在其沿线区域内分布着较为丰富的文化、自然和非物质单体遗产，可将其视为遗产体系；

◆　可以是水路或陆路的，并作为交通线路使用；

◆　形状可以是线型、放射型或网络状的。

3. 廊道遗产特征

（1）遗产性

遗产性是廊道遗产的首要特点，也是区别于景观廊道、生态廊道、遗产廊道等的根本属性。廊道遗产是从历史上遗留下来的或当代人留给后代人的宝贵财富，是物质财富和精神财富的统一。它不仅记录着人类在某一段历史时期的重大活动或杰出创造，而且具有提升民族认同感、强化国家凝聚力、连通不同地域文脉的作用。

（2）时空延展性

廊道遗产拥有强大的历史和地理根植性和延展性，它根植于历史地理环境的同时，又随着环境的变换而不断发生着改变。廊道遗产是人们了解历史的镜子，同时也留下了让未来了解当代的线索。随着历史的发展和人类社会的进步，廊道遗产在空间形态上呈现出不断变化的姿态。线路的起点、终点和中途节点都可能向其他方向延伸，单一的线型廊道也可能变成放射状或网络状的廊道系统。

（3）叠加性

廊道遗产的时空延展性决定了其跨越时空的特征，每一条廊道遗产都是一个意味深长的历史故事，也是一幅优美华丽的自然画卷。不同历史时期的人文创造在廊道遗产的各个节点和沿途汇聚，习俗、信仰、建筑、服饰、语言、节事等，众多物质和非物质遗产向人们揭示了廊道遗产不同的历史剖面。文化的叠加在增加廊道遗产人文魅力的同时,也为人们提供了一部研读历史的百科全书。

（4）功能性

任何一个事物的存在和发展必然有其特殊的有用性,即功能性。廊道遗产在历史、当代、未来所表现出的功能是不尽相同的,甚至可能是截然不同的,但这并不影响廊道遗产的文化传承。廊道遗产的功能发挥和丧失都基于特定的历史条件,比如在某一时期发挥的重要交通功能可能随着交通道路的改善或是替代性交通方式的出现而减弱或丧失;其文化交流功能也可能因民族迁移或政权更替而发生改变。总之,变化的是功能的形式,而不变的是功能的发挥。

三、廊道遗产判别

1. 廊道遗产判别标准

通过对廊道遗产的历史价值、现代功用、景观美感、保护紧迫程度等方面进行综合考量,并参考文化遗产分级体系,可将廊道遗产分为国家级廊道遗产和世界级廊道遗产。国家级廊道遗产由国内廊道遗产管理部门（第六章论述）进行审查认定,世界级廊道遗产应在经过国际古迹遗址理事会和世界遗产委员会的评判和认可后纳入《世界遗产名录》当中。

（1）国家级廊道遗产判别标准

①跨越两个或两个以上的地理区域或文化单元。

解释:地理区域可以是国内行政区,也可以是不同国家,还可以是自然地理特征差别显著的区域;文化单元可以是不同民族、种族、语言、宗教信仰的文化地域。

②拥有深厚的历史文化底蕴或者体现本国人民杰出的毅志、智慧和创造力。

解释:创造力的体现可以是历史的也可以是现代的。

③时间可长可短亦可间断,但空间上必须连续不断。

解释:空间的连续性体现了廊道的整体性,即使历史上有过间断,但廊道遗产的主题是鲜明而统一的。

④过去或现在发挥着交通运输作用。

解释:尽管这种作用可能随着经济发展和廊道变迁而改变或消亡,但是人流、物流、信息流、意识流在廊道沿线不同节点间传递,形成了商贸、文化交流的双向大通道。

⑤体现"国家身份"或"民族身份"。

解释:一个民族或一个国家的民众通过对某一廊道遗产的认同,激发起他们共同的民族意识和国家意识,从而增强民族和国家的凝聚力。

⑥将沿线的自然景观和文化元素有机地串连。

解释:廊道遗产不仅本身是遗产而且有机串连起众多的自然遗产、文化遗产和非物质遗产,使它们并存于同一廊道遗产主题之下,是一条遗产景观大道,同时也是一条文化遗产长河,可被视为一组遗产体系。

⑦自然生态或文化遗存亟待保护。

解释:廊道遗产在地质多样性、地貌多样性、生态景观多样性和物种多样性的基础上叠加频繁的、复杂的人类活动,凸显了自然生态环境的脆弱性;人类优秀的文明创造在政权更替、军事破坏、经济发展的进程中,也表现出衰落或消失的迹象。

只有以上7条标准同时符合,才能够成为国家级廊道遗产。

(2)世界级廊道遗产判别标准

在国际上得到认可的世界级廊道遗产应以"世界遗产"的身份亮相于世,它由各国从国家级廊道遗产名单中推选,并向联合国教科文组织世界遗产中心申报。除了符合国家级廊道遗产判别标准以外,作为世界遗产的廊道遗产还应当满足以下国际标准:

①具有整体性的跨文化意义。

解释:体现世界文化的多元性,以廊道遗产为纽带凸显多元一体的文化相关性。

②具有积极的普世价值和全球意义。

解释:对人类文明进步和国际政治、经济、文化交流具有突出意义,与涉及战争、侵略相关的线性遗产相区别,从和平发展的正面显示廊道遗产的价值。

③是历史文化的积淀和人类创造力的经典之作。

解释:对发掘、探明、研究、诠释、传承某种文化具有特别重大的意义,对人类智慧和创造力的展现具有突出价值。

④能连通古今或者现代与未来。

解释:廊道遗产既可以是历史留给我们的,也可以是我们留给后代人的,这是可持续发展观在遗产领域的具体体现,也是代际公平的伦理观在遗产保护中的体现。

在全部满足 7 条国家级标准的基础上,再满足以上 4 条世界级标准中的 2 项(及以上),才有资格被认定为世界级廊道遗产。

2. 中国廊道遗产判别

为了准确界定本书的研究对象,对廊道遗产和其他指向我国大型线性遗产的概念进行区分,本书将近年来国内学者研究或提及的大型线性遗产进行了总结归纳,并根据上述 11 条标准对这些遗产加以判别。见表 3-2。

表 3-2　中国廊道遗产判别

遗产 ＼ 标准		国家级廊道遗产标准							世界级廊道遗产标准			
		i	ii	iii	iv	v	vi	vii	viii	ix	x	xi
古代商贸文化交通线路	丝绸之路	√	√	√	√	√	√	√	√	√	√	√
	茶马古道	√	√	√	√	√	√	√	√	√	√	√
	剑门蜀道	√	√	√	√	√	√	√			√	√
	唐蕃古道	√	√	√	√	√	√	√			√	√
	西南丝路	√	√	√	√	√	√	√				
	海上丝路	√	√	√	√	√	√	√				
	藏彝走廊	√	√	√	√	√	√	√				√
	施宜古道		√	√	√	√	√	√				
	贵州驿道		√	√	√	√	√	√				
	川盐古道		√	√	√	√	√	√			√	√

遗产 ＼ 标准		国家级廊道遗产标准							世界级廊道遗产标准			
		i	ii	iii	iv	v	vi	vii	viii	ix	x	xi
军事交通设施	长城	✓	✓	✓		✓		✓				
	苗疆边城		✓	✓		✓		✓				
	金界壕	✓	✓	✓		✓	✓					
	京杭大运河	✓	✓	✓	✓	✓	✓	✓				✓
	青藏公路	✓	✓	✓		✓	✓	✓			✓	✓
	青藏铁路	✓	✓	✓		✓	✓	✓				
	滇越铁路	✓	✓	✓		✓	✓	✓				
天然水道	长江（全程）	✓	✓	✓		✓	✓	✓				
	长江三峡	✓	✓	✓		✓	✓	✓			✓	✓
	黄河（全程）	✓		✓		✓	✓	✓				
	漓江		✓	✓			✓	✓				
人类迁徙游历转移线路	长征故道	✓	✓	✓		✓	✓					
	徐霞客游线	✓										
	马可波罗游线	✓										
	闯关东线路	✓	✓	✓		✓	✓					
	走西口线路	✓	✓	✓		✓	✓					
	徽杭古道	✓	✓	✓		✓	✓					
	客家迁徙线路	✓	✓	✓		✓	✓					

说明：前 7 项为国家级廊道遗产标准，只有全部符合再对照后 4 项世界标准进行判别，否则不再进行判别。

　　将以上线性遗产对照廊道遗产国家级标准和世界级标准进行判别，最后全部符合 7 项国家标准的有：丝绸之路、茶马古道、剑门蜀道、唐蕃古道、西南丝路、藏彝走廊、川盐古道、京杭大运河、长江三峡、青藏公路、青藏铁路和滇越铁路，而且这些廊道遗产均满足 2 项或 2 项以上的世界级标准，因而有资格成为世界廊道遗产。其中，丝绸之路、茶马古道、西南丝路、青藏铁路和滇越铁路满足全部 11 项国家级和世界级标准。

　　其他遗产或因没有跨越不同的地理和文化单元（如施宜古道、贵州驿道），或因不是交通线路或没有形成双向交流通道（如长城、苗疆边城、金界壕、长征故道、闯关东线路等），或因不体现国家身份和民族身份（如徐霞客游线、马可波罗游线）等原因不能成为廊道遗产。因此，它们也均不在本书研究对象范围之内。但是，很多线性遗产，如施宜古道、徐霞客游线、徽杭古道、闯关东线路、走西口线路等，仍然可视为优秀的文化线路遗产。而长城、苗疆边城、金界壕等则不属于文化线路遗产，它们是线性单体文化遗产。

第二节　廊道遗产与舶来概念之比较

　　廊道遗产有两条理论源流（见图 3-3），一个是发端于美国 20 世纪 60 年代的遗产廊道理论；另一个是 20 世纪 90 年代最先出现在欧洲的文化线路遗产理论。廊道遗产汲取了文化线路强调的大型线性遗产保护理念和遗产廊道注重的自然生态景观保护和促进经济发展的理念，是二者的有机合成，是将两者融会贯通并进行“中国化”的理论处理后，在中国大型线性遗产理论与实践领域的具体应用。

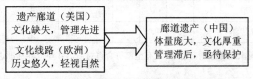

图 3-3　廊道遗产的两条理论源流

一、廊道遗产与遗产廊道

　　从中文字面看，两个概念极具相似性——只是将两个词语调换了位置。而事实上，这并非简单的文字游戏。词语位置的变换导致了概念核心的变化，从而使得概念内涵、目标指向、研究内容、涉及学科领域、保护开发方法等都发生了改变。可见,廊道遗产和遗产廊道是两个截然不同的概念。

遗产廊道的理论源地是美国,美国不是联合国教科文组织(UNES-CO)的成员国,其文化遗产保护自成体系。从其退出联合国教科文组织这一行动可以看出,美国人的行为方式是实用主义的,美国政府决策的出发点是国家利益,任何为迎合国际潮流而与国家现实需求不一致的做法都是不能允许的。同样,从实际情况出发,符合国家利益的政策和理论最终会登上历史舞台,为美国社会服务。遗产廊道在美国这样一个历史并不悠久、文化内涵欠缺、自然资源丰富的国家被提出具有务实性和前瞻性。

遗产廊道由绿道发展而来,它的核心词是廊道。因此,遗产廊道首先被理解为是一种线性的遗产区域,它涉及文化意义,可以是河流峡谷、运河、道路以及铁路线,也可以指能够把单个遗产点串联起来的具有一定历史意义的线性廊道。遗产廊道主要理论来自景观生态学和城市规划学,重视景观、道路、节点对廊道建设的作用。对遗产廊道的保护隶属于美国国家公园体系,重点在于保护原生自然环境,同时强调自然生态系统与经济价值的平衡能力。与绿道的相同点在于,遗产廊道可以成为战略性的生态基础设施,通过生态恢复和旅游开发使得一些衰落的单体遗产重新焕发青春,为本土居民和外来游客提供游憩、休闲、教育等服务;与绿道的区别在于,遗产廊道注重对廊道沿线和辐射区内的文化遗址和历史遗迹的保护,对其短暂的历史给予最大程度的关注。

本书提出的廊道遗产的核心词是遗产,而不是廊道。它和遗产廊道的区别在于,遗产廊道是串连多个单体遗产的线性景观带,其本身并不是遗产;而廊道遗产本身就是跨区域的大型遗产,它具有显著的遗产特征,在历史上和现代社会中对民族精神塑造或民族凝聚力的提升发挥过或正在发挥着重大作用,对国家政治、经济、文化的某一方面或多方面做出过重大贡献。廊道只是其外在形态的表现,它同时也串连起多种类型的单体遗产,但单体遗产的多少和存亡并不影响廊道遗产的遗产属性。

在中国,如丝绸之路、京杭大运河这样的廊道遗产在美国历史上是没有的。美国的遗产廊道理论并不会完全适合中国大型遗产保护现实情况，因此有必要在对其借鉴和发展的基础上，提出本土化的廊道遗产概念并对其加以论证。

二、廊道遗产与文化线路

文化线路理论最早出现在欧洲，具体来说是西班牙。欧洲的历史悠久、文化遗产相当丰富，历史上各国、各民族的外交、经贸、战争、宗教朝圣等活动形成了许多文化线路。1994 年，在马德里会议形成的附加文件中讨论了文化线路作为世界文化遗产的判别标准：空间上其交流是否广泛，连接是否丰富多样；是否达到一定的使用时间，对社区文化产生影响；是否包含跨文化因素或产生跨文化影响；是否对文化、经贸、宗教等交流起到作用，并影响社区发展。

在国际古迹遗址理事会提交给世界遗产委员会《行动指南》修订计划的讨论稿（2003 年 5 月）中，给出了文化线路的定义：文化线路是一种陆地道路、水道或者混合类型的通道，其形态特征的定型和形成基于它自身具体的和历史的动态发展和功能演变；它代表了人们的迁徙和流动，代表了一定时间内国家和地区内部或国家和地区之间人们的交往，代表了多维度的商品、思想、知识和价值的互惠和持续不断的交流；并代表了因此产生的文化在时间和空间上的交流与相互滋养，这些滋养长期以来通过物质和非物质遗产不断地得到体现。

从对文化线路的界定我们发现，文化线路具有显著的遗产性，这符合欧洲历史悠久、文化积淀厚重的特点，廊道遗产在文化价值方面与文化线路具有相似性。但是欧洲国家众多，历史上分裂组合频繁，不可能像中国一样能够在相对较长的历史时期保持国家的统一和多民族和平共处。因此，在欧洲形成较大跨度文化线路的可能性较小，像茶马古道这样大体量、网络状、道路错综复杂的廊道遗产在欧洲是不可能出现的。欧洲的文化线路概念与理念需要有进一步的发展。

如果说廊道遗产和遗产廊道从字面上看具有相似性，那么廊道遗产与文化线路则在内容上有部分重合。廊道遗产在不断泛化的文化线路概念基础上进行了规定性描述，以独特的判别标准对文化线路的识别口径予以收紧。比如:十字军东征线路在欧洲被视为文化线路,但却因为不符合国家级廊道遗产判断标准第 4 条(过去或现在发挥着交通运输作用:形成了商贸、文化交流的双向大通道)和世界级廊道遗产判断标准第 2 条(具有积极的普适价值和全球意义:从和平发展的正面显示廊道遗产价值)的规定而不被视为廊道遗产。再比如,中国历史上的"闯关东"线路可以被认定为文化线路,但因不符合国家级廊道遗产判断标准第 4 条(过去或现在发挥着交通运输作用:形成了商贸、文化交流的双向大通道)而不在廊道遗产讨论范围之内。

整个欧洲面积不大,地形地貌并不复杂,生态系统相对简单,自然资源的丰富程度和多样性不如中国和美国。文化线路在对欧洲历史文化遗产进行保护的同时,忽略了对自然生态的保护,或者说对自然遗产的保护重视不够。而在我国,廊道遗产是文化、自然、非物质三位一体的大型遗产,自然环境在廊道遗产的历史形成中起着举足轻重的作用,是不可忽视的重要因素,众多民族千百年来保留下的非物质文化遗产也为我国廊道遗产增添了无穷的韵味。这是廊道遗产与文化线路的重要区别之所在。

三、廊道遗产区别于两条源流的原因分析

之所以提出廊道遗产以区别于文化线路和遗产廊道,是因为中国的传统文化与欧美文化存在着较大差异(见表 3-3)。作为"文化的浓缩",中国遗产资源的质量、体量和数量与欧美国家有着很大不同。从历史上看,中国和欧美不属于一个文化体系,对各自文化的解读方式也不尽相同;从现实看,中西方文化在融合的趋势下,中国需要依靠文化异质性因子,以体现中华民族的文化特性和文化优势。

表 3-3　廊道遗产与遗产廊道、文化线路的比较

	廊道遗产	遗产廊道	文化线路
理论源地	中国	美国	欧洲
管理部门	尚无 / 待定	美国国家公园管理局	国际古迹遗址理事会下设文化线路委员会

	廊道遗产	遗产廊道	文化线路
性质	遗产系统（包括自然、文化和非物质遗产）	廊道（非遗产）	文化遗产（包括物质和非物质文化遗产）
形态	线形、放射状、网络状	线形	线形
体量	庞大（500公里以上）	较小（10~200公里）	中等（200~500公里）
历史	历史漫长（上千年或几千年）	历史短暂（十几年或几十年）	历史较长（几百年或上千年）
功能	文化、政治、经济、教育、交通、生态、科考、旅游、遗产保护	景观生态、经济、休闲游憩、遗产保护	文化、政治、教育、生态、遗产保护
民族性	具有强烈的民族性	通常不具有民族性	具有较强的民族性
主要任务	遗产保护与利用	景观建设与美化	遗产保护
学科背景	历史学、地理学、社会学、人类学、旅游学、生态学	景观生态学、城市规划学	历史学、社会学
典型代表	丝绸之路 京杭大运河 茶马古道	伊利诺伊和密歇根运河 黑石河峡谷 南卡罗莱纳州国家遗产廊道	圣地亚哥·德·卡姆波斯特拉朝圣路（西班牙） 纪伊山脉胜地和朝圣之路（日本）

美国和欧洲在同源文化的基础上，表现出了不同的人文地理特征。具体来说，欧洲的历史远比美国悠久厚重，人文资源也较美国丰富多彩；而美国的国土面积要比任何一个欧洲国家辽阔，自然资源也较欧洲国家丰富。因此，历史短、自然资源丰富的美国有意愿对那些年代并不十分久远的遗产实现"自然"的保护。而欧洲遗产领域注重文化内涵，以历史说话，来展现西方文化源头的地位，以文化线路去勾起人们对欧洲曾经辉煌的向往。由于欧洲国家国土面积小，自然资源有限，因此在文化线路中弱化了自然遗产的地位。

中国的自然资源（包括地形、地貌、水文、气候等）极其丰富，胜于美国，远强于欧洲国家；文化资源也可与欧洲媲美，而远非美国所能及。国外理论是对他们自身实践的理论抽象。由于遗产的物质背景、文化背景、经济和社会背景等原因，这些理论对中国既有普适性一面，又有局限性一面。中国既应汲取其普适性成分，同时又应辨识和避免其局限性内容，根据中国特点进行改进或创新。因此，中国的遗产保护应该有自己独立的保护方法和制度体系，这需要率先从遗产保护理论进行突破。廊道遗产兼具文化线路强调的历史文化性和遗产廊道注重的自然生态性，而且还融入了中国丰富的非物质文化遗产，是一套完整的遗产体系和遗产保护方法。从地理和历史情况来看，中国最有可能、有资格建立如此规模庞大的遗产体系，这样的遗产体系在世界上也是不多见的。

相对于较为完善的欧美遗产管理体制来说，中国的遗产管理水平滞后，遗产管理、保护、开发的权责不清晰。在廊道遗产保护与利用的过程中，经常出现权力和利益纷争、遗产地原住民文化遭到破坏、长远利益让位于短期利益等现象。导致这些现象出现的一个重要原因就是，廊道遗产管理主体的长时间缺位。因此，建立健全廊道遗产管理体制，首先必须成立廊道遗产管理部门，明晰权责，加强立法，制定保护开发规划，然后依照法律条例和发展规划去实施对廊道遗产的管理、保护与开发。就这一点而言，中国应当学习欧美国家的先进经验，并主动参与到世界遗产保护运动中来。

四、廊道遗产理论创新

廊道遗产三个创新思想：①强调遗产体现意识形态渊源和国家的文化身份；②文化、自然与非物质遗产三位一体的保护理念；③遗产区域性、整体性的保护开发方法。

遗产是一个国家或民族历史文化积淀和自然环境变迁留给现世的物质或精神财富，它反映着国家或民族政治、经济、社会、文化、自然环境的历史进程，反映着国家兴衰与荣辱、成就与劫难，反映了民族智慧、思想、价值观和民族精神。因此，遗产被视为意识形态建设的基石。

在当代中国，遗产旅游受到追捧，自20世纪90年代以来，遗产旅游成为发展最为迅猛的休闲旅游方式。然而，正当遗产旅游为当地政府、社区、企业带来不斐的经济收益时，人们却忽略了遗产的文化内涵，致使遗产沦为人们赚钱的工具。世界遗产的金字招牌和巨大的经济诱惑，使人们对"申遗"乐此不疲，从而轻视了对遗产的保护和管理。谢辰生先生（2002）认为，尽管改革开放以来，中国文物保护的努力超过历史上任何时期，但期间的文物破坏也超过历史上任何时期。这需要依靠系统性、整体性的遗产保护思想作为指导。

　　廊道遗产多是在广阔的地理空间内存在的大尺度、大体量遗产，而且年代久远，如丝绸之路、茶马古道、大运河等，它们在历史上对多民族的融合、民族性格的形成、民族精神的造就做出了巨大的贡献。这些遗产最能够唤起民族自豪感、增强民族的自信心，也最能够唤醒人们对遗产的保护意识，为遗产的保护提供了强大的群众基础。廊道遗产不是孤立的，由它串连起的文化、自然和非物质遗产，体现了文化的多元性和生态的多样性。文化、自然和非物质遗产综合性保护和遗产区域整体性保护是廊道遗产保护的内在要求。因此，可以认为，群众性、综合性、整体性的保护思想是廊道遗产创新思想的精炼概括。

第三节　廊道遗产价值体系

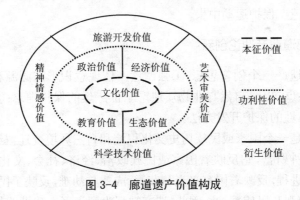

图 3-4　廊道遗产价值构成

　　廊道遗产大多历史悠久、体量庞大，它们跨越漫长的时空与现代文明交汇于今天。它们可能是盛极一时的商路，也可能是民族交流的通道，还可能是宗教文化传播之路，或者这些功能全部集于一身。总之，廊道遗产的价值对拥有它的民族而言是不可估量的，它具有文化价值、政治价值、经济价值、教育价值、生态价值、精神情感价值、艺术审美价值、科学技术价值、旅游开发价值等（如图3-4）。其中，文化价值是核心，是廊道遗产的本征价值，政治价值、经济价值、教育价值、生态价值是廊道遗产的功利性价值，而精神情感价值、艺术审美价值、科学技术价值、旅游开发价值属于衍生价值，从属于本征价值和功利性价值。

一、本征价值——文化价值

廊道遗产的本征价值即文化价值。廊道遗产从广义上讲属于文化遗产的一种类型，其价值属于"文化"范畴。Harvey（1997）指出，文化遗产是具有历史、艺术、科学和文化价值的、属于私人、团体和国家所有的、有形财产和无形财富，它们应该受到国家和民族的保护，作为人类文明的见证而永久保存并世代相传。文化遗产不仅包括有形的艺术和建筑，如纪念碑、博物馆、历史街区、占迹遗址，而且还包括无形的语言、音乐、习俗、手工艺制作以及人们的生活方式。

廊道遗产是历史形态和自然形态的完美融合，它的文化属性并不影响自然环境在廊道遗产中的特殊作用，此二者是相互依存的。自然环境在精神塑造和民族性格形成过程中起到限定和约束作用，不同地域环境下产生的文化是不同的。自然遗产与文化遗产具有天然的联系，人们常将自然遗产一并纳入文化遗产行列实施同步保护。所以，作为文化、自然和非物质三者共存的廊道遗产来说，文化价值远胜于某一单体遗产的价值。

廊道遗产文化价值指的是历史、科学、美学意义，这通常被认为是一般文化遗产的"本征价值"。在"本征价值"的基础上，会产生遗产的使用价值，或称"功利性价值"，简称"遗产功能"，廊道遗产也不例外。如果不能将廊道遗产的"本征价值"转化为"功利性价值"或"遗产功能"，那将造成遗产文化价值的损失。徐嵩龄（2005）认为，遗产的功利性价值，即遗产功能，分为政治功能、经济功能和教育功能。此外，由于廊道遗产包含自然生态元素，所以它还拥有生态价值。

二、功利性价值

1. 政治价值

遗产是文明的碎片,受到自然环境的制约,体现了与不同时期社会的精神联系,因此它的政治价值表现为社会规范的传承,或者表现为一种政治与意识形态延续的合法性。廊道遗产政治价值不仅具有一般遗产的政治价值,而且有其特殊性,这可从两个方面去理解:一是"认同政治",二是"政治文化"。前者主要体现于国际层面,而后者在我国国内表现得比较明显。

"认同政治"是 20 世纪 60 年代末期在美国出现的一种社会政治和文化现象,指的是种族、族群以及宗教的认同来替代围绕民族国家形成的认同,寻求更具有共同体特征的归属和保护。全球化和区域经济一体化模糊了国家界限,其中最为典型的是欧盟的出现。欧洲国家对遗产政治功能给予了特别的重视,对跨越多国廊道遗产(欧洲目前视为文化线路)的修复与重建是对欧洲过去进行的重新诠释,是以"地方身份"来取代"国家身份",对于整个欧洲的团结和一体化进程的加快具有推动作用。

"政治文化"是从一定思想文化环境和经济社会制度中生长出来的、经过长期社会化过程而相对稳定地积淀于人们心理层面上的政治态度和政治价值取向,是政治系统及其运作层面的观念依托。从丝绸之路、大运河、唐蕃古道等遗产廊道的产生和发展来看,受政治因素的影响较大,它们的兴衰多源自当权者为巩固政权所做出的决策。而在其后的遗产发展过程中,对人们的民族和国家观念的形成起到至关重要的作用,廊道遗产政治文化价值得以淋漓尽致地体现。

2. 经济价值

20 世纪 80 年代以前,国际遗产界对遗产经济功能并不认同,认为经济包含着商业和赢利的性质,这势必会影响到遗产的保护和延续。

近年来,遗产旅游成为发展最为迅猛的休闲旅游方式。美国 2003 年的统计表明,在成人出游人数中,有 81% 的游客可被视为是文化旅游者,遗产旅游消费在五年中增长了 18%。文化遗产能够带来经济效益,这在国际上已成共识。经济学家开始运用经济学的原理、方法和模型来评估文化遗产的经济价值,研究探讨维护文化遗产的成本和潜在的经济效益,帮助政府制定合理的文化经济政策。于是,国际上逐渐出现了"遗产经济学"的新兴学科。

对于遗产地而言,正确发挥文化遗产的经济价值不仅对当地经济发展有益,也使文化遗产的保护资金有了部分保障,有利于实现文化遗产业的可持续发展。放弃文化遗产的经济价值,实际上是对文化遗产资源的一种浪费。

通常以跨区域形式存在的廊道遗产相对于单体遗产来说,其经济价值更加显著。丝绸之路、茶马古道、大运河,它们在历史上发挥着重要的经济作用,带动了廊道沿线区域的经济发展、商业繁荣、贸易往来。如今这些廊道遗产的经济功能已从"直接"转为"间接"。它们的经济价值大于其沿线单体遗产的经济价值总和。因为单体遗产的经济价值是以使用价值的实现体现出来的,多表现为遗产旅游所带来的收益;而廊道遗产的经济价值除了直接实现使用价值外,还促进了廊道遗产沿线辐射地区之间的经济要素流动,通过区域合作和资源整合从而产生更大的社会经济效益。

3. 教育价值

教育是人类历史发展的重要文化方式,也是人类文化记忆传承的重要方式。遗产教育是社会发展、人类进步的基石,而遗产只有凭借教育的成果才能不断开创人类文明。

廊道遗产教育价值主要在两个层面上发挥作用,一是知识层面,二是精神层面。就知识层面来讲,廊道遗产如同一本内容丰富的百科全书,在广阔的地理空间内,讲述漫长的历史,为人们启迪今生;从精神层面看,廊道遗产曾经在国家或民族的历史上扮演着重要的角色,象征着一段重要的历史时期,或者一系列的历史实践,它以最真实、最直接的形态向人们传递着历史信息。所以说,这些廊道遗产对于我们宣传爱国主义教育,增强民族自豪感和自信心,加强民族融合都是有重大作用的。

廊道遗产教育价值是通过"展示"和"体验"实现的。在廊道遗产沿线的重要节点以修复、模拟、图示、文字描述等方式重现当年遗产外部形态，或引导其实现"功能回归"，为民众尽可能地提供遗产的"真实再现"，使人们了解国家和民族的厚重历史、体验丰富的文化积淀、认识到遗产本身所具有的历史、科学和美学价值，从而激发国民对祖国的热爱，并将这股爱国热情化做工作的动力，整个社会得以进步。这是廊道遗产教育的良性循环过程。

现代遗产旅游发展为廊道遗产教育开辟了更广阔的空间。它的教育方式是观赏性和体验性的结合，是求知与休闲的结合，是规范性学习与创造性探索的结合。为此，每个拥有廊道遗产的国家应将廊道遗产教育价值视为最基本的功能需求。

4. 生态价值

生态价值包括自然生态价值和文化生态价值。一般来说，在研究遗产的生态价值时，通常指的是自然遗产和一部分涉及山岳、河流的文化遗产所具有的自然生态价值。廊道遗产的地理跨度决定了它与多种地理环境的密切关联。山川、河流、草原、湖泊、湿地、沙漠、森林、冰川都可能成为廊道遗产的组成部分，或者成为廊道遗产时空演变的外部力量。因此，强调廊道遗产生态价值、维持廊道遗产沿线生态平衡不仅有益于廊道遗产的保护，而且有益于自然资源的可持续发展和自然环境的优化。

廊道遗产生态价值的体现源于它对自然界生态平衡的贡献。生态平衡是指生态系统各组成部分的内部或相互之间，在长期的发展演化过程中，通过相互制约、转化、补偿、交换及适应而建立起来的一种相互协调的动态平衡关系。对廊道遗产实施整体性保护，实际上就是对廊道遗产沿线的人文环境和自然生态环境进行整体性保护，协调人类活动和自然界的关系，维护生态系统的动态平衡，把自然生态的保护纳入到人类活动的范畴中来。

廊道遗产的保护和利用可有效地防止生境破碎化、生境丧失和生境隔离等现象的出现。将空间上处于分立状态的斑块（如自然保护区）依靠廊道连接起来，从而减少甚至抵消由于景观破碎化对生物多样性的影响，对于野生动物的保护也具有积极作用。作为交通线路的廊道遗产还可以被视为重要的生态基础设施,它连通着人类活动频繁的城市地区和人迹罕至的自然生态区域,它不仅对景观基质产生重要影响,而且扮演着人类社会与自然界进行物质交换的媒介角色。

第四章 廊道遗产空间结构演变研究

第一节 基于系统观的廊道遗产空间结构

一、对系统和系统观的认识

事物是作为系统而存在的。系统是指事物由相互联系、相互作用的各个要素按一定的结构或方式组成的整体，它集中地体现了唯物辩证法关于普遍联系的观点。我们可以从三个方面理解系统的概念：

第一，系统是由多个要素（或部分）构成的。这些要素（或部分）可能单纯作为系统局部出现，也可能其本身就是一个系统（或称之为子系统）。

第二，系统有一定的结构。任何一个系统都是由各个构成要素组成的，这些要素相互影响、相互联系、相互制约，它们之间的关系就是系统的结构。

第三，系统有一定的功能。系统的功能是指系统与系统之外的环境在相互联系、相互作用时所表现出来的性质、能力和功能。

系统观是指以系统的观点看待自然界和人类社会。系统是物质的普遍存在形式，系统由要素构成，要素按照特定的规律形成组织结构，并发挥各自功能。它揭示了物质系统的整体性、结构性、层次性、开放性、动态性和自组织性。系统观强调系统思维。所谓系统思维指的是，人们必须把研究和处理的对象看作一个完整的系统，并辩证地对待它的整体与部分、部分与部分、系统与环境等的相互作用和相互联系，以求达到对问题做出最佳处理的一种思维方式。

二、系统的结构

要素是构成系统的基本单元,每个系统至少由两个或两个以上的要素构成。要素可以是单个事物,也可以是一群事物组成的小系统。系统的结构是指系统内部各组成要素之间在时间、空间等方面的有机联系、相互作用的组成方式和秩序。系统不是要素的简单组合,要素间只有存在一定的相互关系、结构,才能构成系统。任何系统的整体性都是在某种结构基础上的整体性,系统的结构愈严密,有序性愈高,整体性就愈强。

一般系统的结构可分为三种形式:第一是空间结构,主要是指系统各要素在空间上的排列组合或分布形式。这种系统形式最常见,如地球的圈层、城市地域结构等。第二是时间结构,主要是指系统各要素随时间的进程所表现出的有规律变化或分布形式。如生物种群现象、地理系统各要素的四季周期变化。第三是时空结构,即系统时间结构和空间结构的统一。这种结构更具有普遍性,如树木年轮在空间上表现为一个年轮,在时间上表现为一年。系统的结构以要素为基础,但要素是相对活动且易变的,而系统的结构则是相对稳定的。

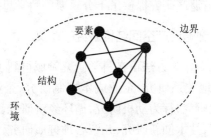

图 4-1 系统组成示意图

三、人地关系地域系统

人地关系地域系统是地理学家吴传均先生提出的。对廊道遗产的研究总体上属于地理学的研究范畴,对人与地的关系研究是廊道遗产研究的基石和着力点。

人地关系是包括两个各不相同但又相互联系的变量的一种系统。在这个系统中,所谓"地"是指由自然和人文要素按照一定规律相互交织,紧密结合而构成地理环境整体。人在生物圈中之所以居于特殊地位,是因为人兼有生物属性和社会属性,具有认识、利用、改变、保护自然环境和认识、改变、控制自身的能力,具有活动的社会性。因此,人地系统具有自然与社会两种属性。在这个巨系统中,人类社会和地理环境两个子系统之间的物质循环和能量转化相结合,就形成了发展变化的机制。具体地说,人地关系地域系统是以地球表层一定地域为基础的人地关系系统,也就是人与地在特定的地域中相互联系、相互作用而形成的一种动态结构。

"人地关系在投入产出过程中得到了充分的体现。由此可见投入产出是人地系统中最基本的双向作用过程"。吴传均提出,人地关系地域系统研究的中心目标是协调人地关系,从空间结构、时间过程、组织序变、整体效应、协同互补等方面去认识和寻求全球的、全国的或区域的人地关系系统的整体优化、综合平衡及有效调控的机理,为有效地进行区域开发和区域管理提供理论依据。同时,人地关系地域系统理论也为本书廊道遗产研究提供了十分重要的科学思想。

四、系统对于廊道遗产空间结构研究的意义

近年来,系统观作为方法论在科学研究领域得到了广泛的应用,如基于系统观的人地关系研究、企业成本控制研究、企业核心竞争力研究、人力资源管理研究、行为动机研究、循环经济研究、投资管理绩效研究、经营模式研究、技术创新研究、儿童心理健康研究、课程教学改革研究等。通常而言,遗产大多以单体形式出现,不具有区域性。所以,以系统观为指导研究遗产和遗产体系的空间结构演变尚属于未曾涉及的领域。

廊道遗产时空跨度大、结构复杂,导致其演变的影响因素较多,且随机性强,难于把握。因此,基于系统观从整体出发,有助于研究廊道遗产的要素构成、组织结构、作用机制、系统功能、演变规律等问题。每条廊道遗产都可被视为一个系统。通常,新系统开发有两个重要工作,

即系统的建构和系统的集成。系统的建构是建立系统的体系结构,其主要内容是为实现系统功能而做的原则性安排,重点关注该怎样处理系统各部分的关系,使系统在整体上结构合理,各部分都能发挥功能。系统的集成是系统建构之后的工作,主要着眼于细节,把各个系统要素连接起来,使之作为一个整体对外提供相应的功能。

在廊道遗产空间结构演变研究中,应遵循这两个既相互区别又紧密联系的步骤。首先,研究廊道遗产的要素构成和空间结构,即廊道遗产系统的体系结构;然后,就各个要素的发展变化及其功能发挥进行深入细致的剖析,以洞察廊道遗产空间结构演变的作用机制与规律。

第二节 廊道遗产要素构成与空间结构

一、廊道遗产要素构成

廊道遗产要素分为两类:一类称为空间要素,是指形成廊道遗产空间架构的组分,也就是廊道遗产在地理空间上的构成元素;另一类称为环境要素,包括自然环境和社会环境。它们相互作用,共同影响廊道遗产的空间结构及其变化。空间要素如同廊道遗产的骨架,它形成了廊道遗产的外部空间形态;而环境要素则好比廊道遗产的血肉,它在影响骨骼发育即外部空间形态演变的同时,还决定着廊道遗产内在精神的传递,以及地脉和文脉的表达。二者缺一不可,辩证统一。

1. 空间要素

廊道遗产空间要素由节点、廊道和辐射域面三部分组成,见图4-2。

(1)节点

节点是廊道遗产最基本的空间要素之一,它是廊道遗产缘起的根基,影响着廊道遗产的走向和通达性。节点按照不同的等级可分为中心城镇、次级城镇和中继站。

中心城镇通常为廊道遗产的起始点,这里往往是权力中心,经济发达、文化繁荣,它向周边地区或遥远的异域辐射其政治、经济、文化的影响力。中心城镇的形成先于廊道,它是由经济活动的内聚力极化形成的中心。次级城镇可能位于两个中心城镇之间,也可能位于中心城镇各自周围,它的形成是由于中心城镇之间人流、物流频繁往来的需要。中心城镇空间距离较远,往来的人员需要在中途休息,货物需要转运,经济要素的集聚使得次级城镇形成。中继站不具备城镇那样的综合服务功能,只具有餐饮、住宿、交通补给等简单功能,如客栈、庙宇、小村落等。随着廊道遗产的演化,中继站可发展成为次级城镇,而次级城镇也可降级为中继站。即便是中心城镇,其作用和功能也不是一成不变的,它也可以随着交通改道或政权更迭而沦落或消失。

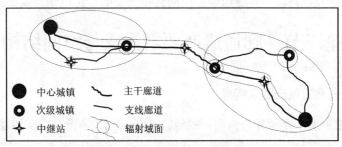

图4-2　廊道遗产空间要素构成

(2)廊道

廊道即连接节点的交通线路,是人员往来、货物运输、信息交流的渠道。廊道按等级可分为主干廊道和支线廊道。

主干廊道是连接中心城镇的交通线路,也是廊道遗产在人们头脑中的基本空间形态。它不仅连接着中心城镇,而且还串连起若干次级城镇和中继站,主干廊道承担着这些节点之间绝大部分的交通运输功能。无论是中心城镇还是次级城镇,其文化思想的外溢也主要通过主干廊道来完成。支线廊道是对主干廊道的辅助和补充,在主干廊道因自然地质灾害、战争破坏或人为控制而阻塞或断路时,支线廊道便承担起主干廊道的角色。另外,一些支线廊道是随着主干廊道以外的次级城镇或中继站的形成而出现的,它们的形成使廊道遗产从初始的线形形态向放射状或网络状演化。

（3）辐射域面

辐射域面指的是，节点和廊道的影响力所波及的范围。辐射域面的范围大小说明了节点和廊道的影响力强弱。通常情况下，中心城镇和主干廊道的辐射域面相对较大，而次级城镇、中继站和支线廊道的辐射域面较小。辐射域面在地理空间上并不是呈对称分布或规则分布的，它还受到地形、地貌、廊道方向、节点之间联系程度、政治区划等多方面因素的影响。辐射域面的大小也不是固定不变的，它随着节点和廊道功能强弱而时刻发生着变化。

2. 环境要素

环境要素也就是地理环境要素。吴传均先生（1991）认为，狭义的地理环境即自然综合体，广义的地理环境则指由岩石、土、水、大气和生物等无机和有机的自然要素和人类及其活动所派生的社会、政治、经济、文化、科技、艺术、风土习俗、宗教信仰和道德观等物质或意识的人文要素，按照一定规律相互交织，紧密结合而构成一个整体。它在空间上存在着地域差异，在时间上不断发展变化。

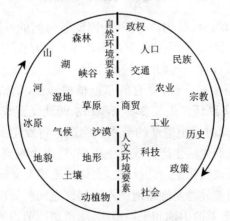

图 4-3　廊道遗产环境要素构成

可见，环境要素是构成人类整体环境的各个独立的、性质不同的而又服从整体演化规律的基本物质组分。环境要素包含自然环境要素和人文环境要素，它们共存于一个完整的、不断变化的系统中。见图 4-3。

（1）自然环境要素

自然环境要素是一切非人类创造的直接和间接影响到人类生活和生产环境的自然界中各个独立的、性质不同而又有总体演化规律的基本物质组分,包括山脉、河湖水系、森林、湿地、草原、气候、土壤、地形、地貌、动植物等。自然环境具有整体性和差异性两个显著特征。自然环境正是通过这两个特性对廊道遗产的空间结构和人文环境产生影响。见图4-4。

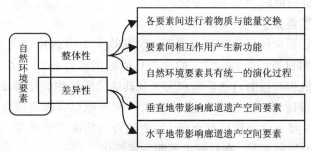

图4-4　廊道遗产自然环境要素特征

自然环境的组分、结构、行为和功能随着时间的推移而发生变化。如果没有外界干扰,自然环境依靠内部各要素相互作用发展演化,并且这种演化具有整体性。比如:气候的变化可能导致廊道遗产某段区域由温暖湿润变得炎热干燥,原有的草原植被沙化,动植物迁徙甚至灭绝,河流改道或者断流。人类食物来源和水源地受到威胁后,人们被迫离开原居住地,此时廊道遗产的节点和廊道都将发生变化。自然环境的变化也使得人们生活生产方式发生改变,进而影响到城镇发展、科技进步、人口迁移、政权稳定、商贸往来、文化交流等人文环境要素。

自然环境的差异性是廊道遗产不同局部之间差异产生的根源。比如:在具有垂直落差的山地和平原地区,廊道遗产节点的形成、规模、功能、辐射范围都是不一样的。再如:在同海拔不同地貌的草原和森林地带,廊道的形态、通达性、延展性也有很大区别。而且,节点与节点联系程度,节点与廊道连接顺畅程度也因自然环境差异而表现出不同的特点。

（2）人文环境要素

人文环境是专指由于人类活动产生的周围环境，是人为的、社会的、非自然的。人文环境可以定义为一定社会系统内外文化变量的函数，变量包括政治、经济、商贸、人口、交通、历史、宗教、信仰、科技等。人文环境要素受到自然环境要素的影响，并反作用于自然环境要素，两者相互制约、相互依赖，共同对廊道遗产空间结构演变起到加速或延缓的作用。

政治力量或称政权力量对廊道遗产的空间结构具有决定性影响。比如：在丝绸之路的历史上，唐太宗贞观十四年（公元640年）在交河城（今吐鲁番附近）设立安西都护府，以抵御西突厥；贞观二十二年（公元648年），郭孝恪击败龟兹国，把安西都护府迁至龟兹（今库车）；而后几经战乱，武则天长寿二年（公元693年），安西都护府的府衙才在龟兹稳固下来；武则天长安二年（公元702年）又增设北庭都护府，管辖天山北麓，原安西都护府只管辖天山南麓、葱岭以西的地区。可见，唐朝在西域的政权控制范围几经扩张和收缩，每一次变化都会导致丝绸之路廊道遗产的次级节点变化，进而影响交通廊道的走向和通达性。

商贸往来是影响廊道遗产空间结构的又一个活跃的要素。起初，商贸往来在中心城镇之间通过主干廊道进行。由于商人有着追求利润最大化的商业动机，因此凡是有商机的地区（包括远离主干廊道的次级城镇或中继站）都是他们即将涉足的地方。他们在货物产地和市场之间频繁往来，此时市场已经不再是原先的中心城镇，而有更多的次级城镇和中继站加入到市场的行列，同时连接货物产地和这些市场的支线廊道也随之形成。这样一来，廊道遗产的空间结构便发生了变化。

此外，宗教的传播、技术的进步、交通的改善、人口的迁移、工农业的发展、城镇化水平提高、人们观念的改变等，这些人文要素也都从不同角度影响着廊道遗产空间结构的变化。

二、廊道遗产空间结构界定

1. 空间结构相关概念

表 4-1　空间结构相关概念权威论述

学者	相关概念	内容概括
陆大道	社会经济空间结构	指社会经济客体在空间中的相互作用和相互关系,以及反映这种关系的客体和现象的空间集聚规模和集聚形态
李小建	区域空间结构	指各种经济活动在区域内的空间分布状态及空间组合形式,是区域经济的一种重要结构
陆玉麒	区域空间结构	指人类经济活动作用于一定地域范围所形成的组织形式,包括空间分异与组织关系、空间实体等级规模关系、实体间要素流的形式
陈才	产业空间结构	指人类的经济活动在一定地域上的空间组合关系,是区域经济的核心、外围、网络诸关系的总和
崔功豪	区域经济空间结构	指在一定地域范围内经济要素的相对区位关系和分布形式,是长期经济发展过程中人类经济活动和区位选择的结果,是经济活动的空间表现形式,反映了经济活动的区位特点以及在地域空间中的相互关系
姚士谋	城市群空间结构	指各城市的经济结构、社会结构、规模结构、职能结构等组合结构在地域空间上的投影,是城市群发展程度、阶段与过程的空间反映
陈田	城镇空间结构	指城镇之间的空间组合形式,是地域经济结构、社会结构和自然环境特征在城镇体系布局上的空间投影
江曼琦	城市空间结构	指单一城市的内部空间结构,是城市经济、社会存在和发展的空间形式,表现了城市各种物质要素在空间范围内的分布特征和组合关系
何伟	区域城镇空间结构	指在特定的社会生产力水平下,区域内的各个城镇相互作用和相互联系所形成的城镇地理空间分布形式、集聚规模和集聚状态

注:根据何伟的《区域城镇空间结构与优化研究》内容整理

　　以上关于空间结构概念的论述对廊道遗产空间结构界定有三点启发。第一,空间结构是空间各种物质要素(包括廊道、结点城镇、经济、社会、人的活动等)的相互作用和关系总和,这说明了廊道遗产具有的系统性和整体性。第二,空间结构是长期人类活动的累积性结果,它是特定社会历史条件下的产物,这表明了廊道遗产具有演化性和非确定性。第三,空间结构中强调的区位和集聚为解释廊道遗产节点形成与规模以及辐射域面的范围提供了另一种思路。

2. 空间结构界定

廊道遗产空间结构,是在特定的历史环境和地理条件下,节点、廊道和辐射城面三者在空间范围内的分布特征和组合关系。节点与节点之间相互作用、相互联系而形成廊道,节点和廊道节点的形成缘于经济、文化人口的空间集聚,与内外部环境相互影响而产生了辐射域面。廊道遗产空间结构是某一历史时期的产物,它的空间形态和空间功能随历史和社会的发展而发生变化。

3. 空间结构属性

（1）系统性

系统性是廊道遗产空间结构的首要属性。系统是由要素、结构和环境构成的一个有机整体,廊道遗产完全符合系统性的基本要求。廊道遗产由节点、廊道、辐射域面三种要素组成,通过相互影响和作用形成完整的空间结构,并与自然环境和人文环境进行能量交换,以实现系统的自组织性。

（2）区域性

廊道遗产空间结构的区域性表现在两个方面:一方面,廊道遗产跨区域分布的空间形态与普通单体遗产相区别;另一方面,廊道遗产空间各部分都是特定地域的地理条件、经济条件、社会发展等多方面具体因素决定的。不同区域在表现出差异性的同时,也因长期交往与联系形成了一定的共性,这正是廊道遗产整体构建与保护利用的基础。

（3）演化性

廊道遗产的空间结构受到了错综复杂的环境要素的影响,因此表现出动态性和演化性。无论是自然环境要素,还是人文环境要素,都可能对廊道遗产的空间结构造成决定性影响。廊道遗产空间结构在诸多要素作用之下,必然会发生演化。有时演化是正向的,即向着结构更稳定、系统更强大、联系更密切的方向演化;而有时演化则是反向的,即向着结构更松散、系统更弱化、存在受威胁的方向演化。

（4）非确定性

如果说演化性表现了廊道遗产空间结构规律性的一面，那么非确定性则表现出廊道遗产空间结构的偶然性和随机性。突发事件对廊道遗产空间结构影响很大，有时甚至是决定性或者毁灭性的，如天灾和战争。当权者的好恶有时也会给廊道遗产空间结构造成直接影响，比如：在佛教盛行的朝代，大举兴建寺庙，著名寺庙所在地便成为节点，而通往寺庙的道路就成为廊道，这些寺庙也成了廊道遗产体系中的成员。

第三节　廊道遗产空间结构演变过程

一、耗散结构理论与廊道遗产空间结构演变

1. 耗散结构理论与熵

耗散结构 (dissipative structure) 理论可概括为：一个远离平衡态的非线性的开放系统 (不管是物理的、化学的、生物的乃至社会的、经济的系统) 通过不断地与外界交换物质和能量，在系统内部某个参量的变化达到一定的阈值时，通过涨落，系统可能发生突变即非平衡相变，由原来的混沌无序状态转变为一种在时间上、空间上或功能上的有序状态。这种在远离平衡的非线性区形成的新的稳定的宏观有序结构，由于需要不断与外界交换物质或能量才能维持，因此称之为耗散结构。这种有序稳定结构与平衡结构不同。稳定的平衡结构不与外界交换能量和物质，是一种静平衡稳定状态，没有生机和生命力，是一种永远不变的"死"结构；而耗散结构随时与外界交换物质和能量，是一种动态稳定有序结构，是一种永远活动着的稳定有序的"活"结构。

熵（entropy）指的是系统混乱的程度，是系统中无序或无效能状态的度量，通常用符号 S 表示。在开放系统条件下，系统的熵增量 dS 是由系统与外界的熵交换 deS 和系统内的熵产生 diS 两部分组成的，即：dS=deS+diS。根据热力学第二定律，只要求系统内的熵产生非负，即 diS ≥ 0；而外界给系统注入的熵 deS 可为正、零或负。在 deS<0 的情

况下,只要这个负熵流足够强,它就除了抵消掉系统内部的熵产生 diS 外,还能使系统的总熵增量 dS 为负,总熵 S 减小,从而使系统进入相对有序的状态。具体解释:

◆　若 deS<0 且 |deS|<diS,即 dS=deS+diS>0,那么,通过开放系统可以减缓系统无序化的进程,但不能根本改变系统走向无序的总进程,这是由于系统负熵流的输入不足以抵消系统的熵产生。在此条件下系统不可能发生有序演化,且存在两种情况:当 diS ≥ 0,deS ≥ 0 时,dS>0;当 diS ≥ 0,deS<0,且 |deS|<|diS|。

◆　若 deS<0 且 |deS|>diS,即 dS=deS+diS<0,那么,开放使系统的熵不断减少,负熵流足以抵消系统熵产生且有负熵盈余,系统处于有序演化过程中。

◆　若 dS=deS+diS=0,即 diS=-deS,那么,系统有序度基本保持不变。

2. 廊道遗产的耗散结构特征

耗散结构理论主要是对系统进行的动态性描述,即研究系统是如何维持存在的、系统各子系统之间是如何相互作用的。前文已将廊道遗产空间结构以系统的角度进行了解析,而在阐述廊道遗产空间结构演变(即廊道遗产空间结构动态性变化)时,基于其具有的耗散结构特征,将运用耗散结构理论进行解释。廊道遗产空间结构所具有的耗散结构特征表现在:

（1）远离平衡态

廊道遗产是一个由若干空间要素和环境要素相互交织、叠加与融合而成的复杂系统。根据区域经济发展理论,系统内部由于存在区位条件、经济背景、开发战略和价值取向等差异,优势要素流向集中的系统局部优先发展,然后通过良性反馈作用,进而从整体上有助于形成廊道遗产复杂系统远离平衡态势。

（2）非线性

廊道遗产空间结构各要素之间相互作用、相互联系、相互制约。各子系统以及要素之间的关系并非简单的因果线性关系,而是存在着大量的非线性相互作用。它们之间的非线性关系,只有相互协同而非相互掣肘、相互竞合而非相互限制,才是廊道遗产复杂系统形成耗散结构的内在根据。

（3）开放系统

无论是作为整体的廊道遗产，还是其空间组成部分（节点、廊道和辐射域面），总是连续不间断地与外部环境（自然环境和人文环境）进行着物质、能量和信息的双向交流。廊道遗产不是一个孤立和封闭的系统，它在与外部环境相互作用时产生 deS，从而影响廊道遗产空间结构的演变。

3. 运用耗散结构理论和熵原理解释廊道遗产空间结构演变

廊道遗产空间结构中所包含的各个要素及其相互作用是廊道遗产具有耗散结构特征的重要原因，同时也是熵值和正负方向的决定因素。廊道遗产要素由空间要素和环境要素组成，空间要素构成了廊道遗产空间结构的内部系统，而环境要素构成了廊道遗产空间结构的外部系统。

廊道遗产空间结构从一个平衡向另一个平衡转化时，原有平衡因内外部系统各要素之间进行的物质与能量交换而被打破。当某一要素的变化达到一定的阈值（临界点）时，廊道遗产空间结构的非平衡相变随之发生，廊道遗产系统随即进入非平衡状态，即混沌无序状态，无序状态的程度强弱用熵来表示。

此时，廊道遗产空间结构演变只进行了半程。要素之间的相互影响继续对廊道遗产空间结构的熵起作用。廊道遗产空间结构熵由两部分组成，一是廊道遗产空间要素（内部要素）之间作用产生的熵为 diS，值为非负，即在未受到环境影响时，空间要素之间的相互作用无法使整个廊道遗产系统达到平衡；二是廊道遗产空间要素（内部要素）与环境要素（外部要素）相互作用产生的熵 deS，值为正、负、零均可，即环境要素对空间要素的影响对廊道遗产系统的稳定有序状态可能起到加速、延缓或维持的作用。当 deS 为零或正值时，廊道遗产系统继续加剧或维持混沌状态；当 deS 为负值时，如果 |deS|<diS，廊道遗产不会向有序演化；如果 |deS|=diS，廊道遗产保持原有状态；如果 |deS|>diS，廊道遗产系统正在向着下一个平衡结构演化。

例如：某个历史时期，在丝绸之路交通主干线以外一定距离范围

内,由于政权需要(发展与某个民族的关系或戍守边疆)强行设立了一座城池。该城池改变了丝绸之路原有的节点、廊道和辐射域面组成的空间结构系统,此时产生了内部要素相互作用的熵值 diS(diS 是非负值),使其空间结构陷入不平衡的无序状态。为了配合城池的发展需要,当权者通过屯兵、移民、交通改道、加快商业发展、建立文化中心等手段,巩固新建城池的地位、强化其作用,此时外部环境对空间要素产生影响,熵 deS 产生。随着当权者采取多样的措施,deS 逐渐由正变零再变成负值,且负值绝对值继续增大。直到 |deS| ⩾ diS 时,丝绸之路在新城池的影响下才重新进入到结构稳定的有序状态。

二、廊道遗产空间结构演变过程模型与路径

1. 廊道遗产空间结构演变过程模型

由于受到内外部因素的共同影响,廊道遗产的空间结构处于不断演变过程当中。中心城镇、次级城镇和中继站三级节点在廊道遗产演变中,它们的级别、功能和作用可能发生互换,并且伴随有新的节点产生和老的节点消失。主干廊道和支线廊道也会随着节点的变化而发生级别和方向上的改变,甚至某一段廊道会因外部情况变化而废弃,或者新的廊道因交通需要而产生。辐射域面的范围大小主要取决于节点和廊道的级别,因此它随节点和廊道级别变化而变化。见图 4-5。

2. 廊道遗产空间结构演变过程模型解释

由廊道遗产空间结构演变过程模型可知,廊道遗产空间结构的演化大体可分为六个阶段,它们分别是:早期阶段、形成阶段、发展阶段、成熟阶段、变迁阶段和重新稳定阶段。下面对这六个不同阶段进行分别阐述。

（a）早期阶段

廊道遗产在这一阶段尚未形成,地理空间内只存在着中心城镇 A 和次级城镇 B,它们是社会经济发展的产物或是当权者巩固政权的需要。两地之间的交通线路是原始自发形成的,随机性较强,并不是固定的交通廊道。人们在两地之间往来的目的,可能是商贸、可能是政务、还可能是传教或访友。此时,在原始交通线路上的人流和物流频度较

低,城镇和交通线路周围地区受其影响较小,两地之间没有明显的城镇或中继站。早期阶段所经历的时间较长。

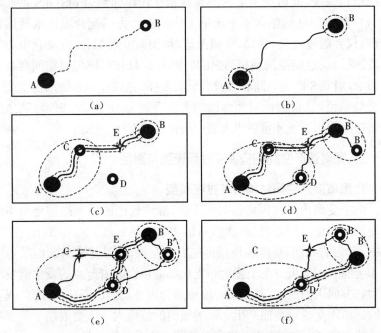

图4-5　廊道遗产空间结构演变过程模型

（b）形成阶段

随着社会经济发展,A 和 B 两个城镇之间的交流日益频繁,尤其促进了 B 的繁荣和城镇等级的提升。两个城镇具备了各自影响力,但其影响范围（即辐射域面）仍然有限,只局限在城镇周围的较小范围内。两地之间的原始交通线路经过多年的惯性重复和主动修缮,已经形成了固定的交通廊道。由于廊道刚刚形成,其对沿线地区的辐射和带动能力均非常有限。此时,廊道遗产已经初步形成了"两点一线"的简单空间格局。

（c）发展阶段

A 和 B 两城镇之间的人流、物流双向往来的数量和频度继续增加,廊道已经成为主干廊道,其开始对沿线地区产生影响,进而在廊道沿线出现了次级城镇 C 和中继站 E,并且 A 的影响范围已经辐射到 C。C 和 E 两个节点的出现意味着廊道遗产的交通功能已经得到了充分的发挥,原有的"两点一线"空间格局需要得到辅助和支撑。因此在漫长的廊道沿线,C 和 E 或自发出现或由政府被动设立。人流和物流的移动使 C 和 E 面临着巨大的商业性机遇,同时对社会秩序而言也面临着管理的压力。此时,政府为了缓解交通廊道压力,或者商人为了寻找更大的商机,于是,在主干廊道沿线外出现了次级城镇 D。D 城镇的出现为廊道遗产接下来的发展提供了诸多的可能性,也为廊道遗产空间结构的演变埋下了很多不确定性的因子。

（d）成熟阶段

廊道遗产原始节点——A 和 B 两个中心城镇的功能和作用得到了充分地发挥,它们各自的影响范围继续扩大。中心城镇 A 的辐射范围包括了 C 和 D 两个次级城镇,以及靠近 A 一侧的廊道及其周边地区;中心城镇 B 的辐射范围囊括了新的次级城镇 B′ 和靠近 B 一侧的廊道及其周边地区。在这一阶段需要说明的有两点:一是次级城镇 B′ 的出现;二是次级城镇 D 依靠支线廊道与中心城镇 A 和中继站 E 建立了交通联系。

B′ 出现的原因可能有:经济原因,由于中心城镇 B 的长期带动作用,使得其周边地区经济快速发展,从而自发产生了新的次级经济中心 B′;政治原因,政府决定迁都、当权者设立行宫、为了保卫 B 而设立卫城等。

远离主干廊道沿线的次级城镇 D 在扩大自身影响力的同时,建立了与中心城镇 A 和中继站 E 的联系。它的意义在于,廊道遗产空间结构由单纯的线型向放射型演化,而且为人流、物流在中心城镇 A 和 B 之间往来提供了另一条可选择的交通线路。这标志着廊道遗产空间结构已经进入成熟阶段。

（e）变迁阶段

进入成熟阶段后,廊道遗产空间结构并不是固定不变的,它会随着社会的发展而继续演变。次级城镇 D 在廊道遗产中发挥着越来越强的作用,这导致了一系列结果的出现。

第一,由于次级城镇 D 的功能和作用超过了 C,从而使得中心城镇 A 和原来的中继站 E 都加强了与 D 的空间联系。具体表现在 AD 和 DE 两段支线廊道取代了原来的 AC 和 CE 而成为主干廊道,AC 和 CE 降级为支线廊道。

第二,原次级城镇 C 由于所经过的人流、物流的减少,降级为中继站;而同时原中继站 E 由于其交通节点优势的不断增强,发展为次级城镇。

第三,次级城镇 D 与 B′ 之间通过支线廊道建立了交通联系,它们之间的交流可以不再通过中心城镇 B 进行中转。

此时,廊道遗产空间结构完成了首次主干廊道的变迁,并且其空间结构已由放射型转变为网络型。

(f)重新稳定阶段

由于政治、经济、文化等多重因素的影响,B′ 代替了 B 的位置而成为中心城镇,B 进而衰落成为次级城镇,两地角色和功能发生了互换。B′ 地位的提升使次级城镇 D 的节点功能进一步增强,它们之间的支线廊道也因此升级为主干廊道。与此同时,连接 D 和原中心城镇 B 的主干廊道衰落,并且在其沿线,由中继站升级而成的次级城镇 E 也因人流、物流减少而重新沦为中继站。

而在上一阶段,由次级城镇降级为中继站的 C 和由主干廊道降级为支线廊道的 AC 和 CE,由于廊道遗产空间重心的转移和人的迁移,或者由于自然灾害和战争因素等影响而逐渐消失。A 作为廊道遗产老牌的中心城镇,其影响范围发生调整——辐射范围收窄;而 B′ 作为新的中心城镇,其辐射范围扩大。

在这一阶段,廊道遗产空间结构由网络型又演变为放射型,主干廊道完成了第二次变迁,这时的空间结构与成熟阶段相似。

3. 廊道遗产空间结构未来演变路径

廊道遗产空间结构接下来可能沿着三条路径发展,见图 4-6。路径一是在(d)、(e)、(f)三个阶段之间循环往复;路径二是由(d)、(e)、(f)某个阶段向着(c)、(b)、(a)三个阶段演变,最终廊道遗产消失;路径三是以（e）阶段为基础,继续向着复杂网络空间结构演变。

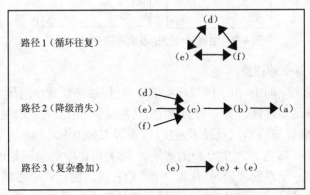

图 4-6　廊道遗产空间结构演变路径

三、廊道遗产空间结构演变过程分析

1. 廊道遗产空间结构演变过程理论分析

（1）增长极理论

引入增长极理论用于解释廊道遗产空间节点的形成和变化。除了政治因素外,节点的形成、发展主要取决于经济要素的空间集聚。佩鲁认为,增长极首先出现和集中在具有创新能力的行业,而不是同时出现在所有的部门。这些具有创新能力的行业常常聚集于经济空间的某些点上,于是就形成了增长极。然后增长极通过各种方式向外扩散,对整个经济发展产生影响。在廊道遗产空间结构中,中心城镇、次级城镇和中继站的形成固然受到一定的行政因素的影响,比如区位的选择、初始规模和建成速度等,但是它们在长期的发展中,主要还是受到来自经济方面的影响和制约。

廊道遗产从早期阶段（a）向形成阶段（b）演变时（见图 4-7）,次级城镇 B 由于社会经济的发展,城镇规模不断扩大,人口增长,周边经济要素向城镇 B 集聚,从而使其升级为中心城镇,即成为区域增长极。同时,向周边地区辐射其影响力。

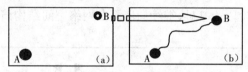

图 4-7　由增长极理论看廊道遗产节点演变

（2）点—轴理论

在现实空间中,由于区域环境的差异性,经济要素空间集聚与扩散的方式呈现多样性。如一些自然通道(河流、山谷)、人工通道(各种交通线、基础设施线),以及技术进步、政策等人为因素对经济要素空间集聚形态和扩散方式产生复杂的影响。陆大道在中心地理论的基础上提出了点—轴系统理论,他认为,"点"指各级居民点和中心城市,"轴"指由交通、通讯干线和能源、水源通道连接起来的"基础设施束";"轴"对附近区域有很强的经济吸引力和凝聚力。随着区域社会经济的进一步发展,"点—轴"必然发展到"点—轴—集聚区"。见图 4-8。

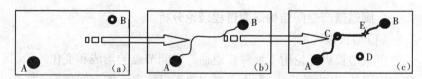

图 4-8　由点—轴理论看廊道遗产空间结构演变

廊道遗产形成初期,廊道遗产主要节点(中心城镇)沿着扩散通道渐次扩散社会经济"流",在两个主要节点之间形成交通廊道(干线廊道),即早期阶段(a)中的 AB 虚线线路变成形成阶段(b)中的 AB 实线廊道。此时的交通廊道也被称为"发展轴",这是因为该轴能够带动地区经济发展。这种模式进一步发展,在廊道沿线和主要节点之间会形成一些次要节点(次级城镇或中继站),如发展阶段(c)中的 C、D、E。而这些点之间的交通线路可视为"次级发展轴"(支线廊道),如成熟阶段(d)中的 AD、DE、BB′ 和变迁阶段(e)中的 DB′、BB′、AC 和 CE。如此发展下去,最终形成廊道遗产空间结构网络系统(e)。

（3）极化—涓滴理论

跨越广阔地理空间的廊道遗产一定包括经济相对发达地区和欠发

达地区,两者相互影响、相互作用构成了廊道遗产空间系统。在廊道遗产空间结构中,相对发达的地区通常指中心城镇、次级城镇和主干廊道;欠发达地区指中继站、支线廊道和辐射域面的广泛区域。随着发达地区的发展,欠发达地区要素向发达地区流动,从而削弱了欠发达地区的经济发展能力,导致其经济发展恶化。从另一方面来看,发达地区为欠发达地区人口提供了就业机会,先进的技术、管理方式、思想观念、价值观念和行为方式等经济和社会方面的进步因素向欠发达地区涓滴,对欠发达地区的发展起到推动作用。

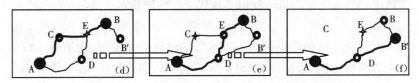

图4-9　由极化—涓滴理论看廊道遗产空间结构演变

在图4-9成熟阶段(d)中,相对于中继站E而言,次级城镇D是相对发达的地区,由于D的不断发展进步,它和E之间产生了极化和涓滴效应,中继站E在变迁阶段(e)中升级为次级城镇。但是,最终因为B′的强大和B的衰落导致主干廊道改道,而E又在重新稳定阶段(f)中再次变为中继站。B和B′角色的转换,除了极化—涓滴作用影响之外,还受到决策者的主观因素和其他偶然因素的作用。

2. 廊道遗产空间结构演变过程多尺度分析

（1）国际尺度

从时间和空间双重视角来看,廊道遗产空间结构的国际尺度在不同历史时期所指的地域范围是不同的,这主要是因为国家疆域范围的变化。以现代主权国家实际领土范围为标准,国际关系的好坏、战争与和平、两国或多国之间的经贸联系、文化交流以及意识形态的相似性等,都直接关系到廊道遗产空间结构的变化。其中,经济、贸易、文化、宗教、思想等领域对廊道遗产空间结构演化的影响是潜移默化的,结构的改变需要较长时期才能够现实;而政治、军事、外交、廊道治理、现代交通方式的出现等因素对廊道遗产空间结构的影响则是立竿见影的。

比如，从主权国家之间关系来看，当历史上中苏关系恶化时，丝绸之路通往中亚、西亚的道路一度受阻。廊道的中断导致了部分节点的衰落，原来的一些丝绸之路驿站和因东西方贸易而赖以生存的城镇不幸消失。而如今，在和平与发展成为时代主旋律的国际背景下，丝绸之路沿线各国对这一人类共同遗产的重视程度与日俱增，中国与中亚、西亚、欧洲国家联合"申遗"、共同保护和开发丝绸之路的行动正在积极开展。历史上许多曾经废弃的城池、衰落的城镇或是荒芜的遗址，有的被保护起来，有的经过修整重新焕发了生机。丝绸之路廊道遗产节点的再现和交通廊道的贯通使得其现代空间结构基本形成。

（2）区际尺度

区际尺度是指跨越国内不同区域的地理空间范围，这里的区域不是指省级行政区，而是比省、自治区范围更广的地理区域，如我国的东北地区、华北地区、西北地区、西南地区等。从区域尺度分析廊道遗产空间结构演变的意义在于：认识到廊道遗产既是一个整体，同时它又是由不同的部分组成的；同一廊道遗产的空间表现在不同区域环境背景下可能是不同的；甚至廊道遗产空间结构在某段历史时期可能是被完全割裂的。

比如，北宋灭亡后，金朝定都于燕，与南宋对峙，政权的对峙使得京杭大运河南北不能贯通。大运河虽然全程不能通行，但在各政权所控制的疆域范围内却获得了较快的发展。如金朝为了通过御河将山东的粮食运往京师，金世宗命户部侍郎曹望之督办疏浚运河。据史料载"大定四年（1164）八月，以山东大熟，诏移其粟以实京师。十月，上出近郊见运河湮塞"，"诏户部侍郎曹望之责曰，有河不加浚，使百姓陆运劳甚，罪在汝等。朕不欲即加罪，宜悉力使漕渠通也"。翌年正月，诏"令官籍监户，东宫、亲王人从及近（御河）五百里内军夫浚治（御河）"（《金史·河渠志》）。这是金朝首次对运河大规模疏浚。金章宗泰和五年（1205）"上至霸州，以故漕河浅涩，饬尚书省发山东、河北、河东、中都、北京军夫六千改凿之"（《金史·河渠志》）。这是金朝又一次对运河进行大规模改治。金朝对大运河的疏通和开凿从空间上贯通了大运河的北方水道，同时加速了北方运河沿线众多城镇的繁荣和发展。

（3）省际尺度

省际尺度是一个现代地理概念，从这一尺度出发，重点研究廊道遗产在现代社会中的空间结构演变，以及演变为国家和社会所带来的政治、经济、文化影响。在西部大开发国家战略背景下，丝绸之路、茶马古道、青藏铁路、长江三峡等廊道遗产担负着加快欠发达地区经济发展、文化进步、巩固边疆地区政治稳定等的重大历史使命。

从省际尺度来看，对廊道遗产空间结构影响最大的因素有两个，一是省域之间现代化交通方式升级；二是城市化进程加快。从廊道来看，现代化的交通运输方式改变了过去千百年来廊道遗产相对稳定的空间结构，使廊道遗产的空间形态发生了剧烈的变化。比如：东航云南分公司于 2005 年开通了"昆明－香格里拉－拉萨"的定期航班，青海省格尔木到拉萨的铁路于 2006 年开通，成都到拉萨的铁路也已进入建设阶段。这些新出现的现代化交通廊道使散布在城镇和村落间的茶马古道、唐蕃古道成为只具象征意义的历史纪念。从节点来看，城市化进程的加快一方面使新城代替了原来老城的功能，在空间上有的也已经偏离了原来老城的位置；另一方面现代城市的影响力扩大，辐射范围更加广泛，周边村镇有的已经纳入城市建成区，而远离廊道或中心城市的节点或将面临衰落。然而，廊道遗产也并不是完全被动地接受现代化的冲击。在调整空间结构、发挥其政治、经济、文化影响力的基础上，廊道遗产将成为省区之间合作的纽带，同时为区域发展和平衡区域间经济差异贡献力量。

第四节　廊道遗产空间结构演变作用机制

廊道遗产空间结构演变的作用机制，是理解廊道遗产空间结构变化、节点要素集聚、其所在区域社会经济发展状态的重要基础，也是为廊道遗产生命周期研究和廊道遗产保护开发所做的前期准备。从整体来看，影响廊道遗产空间结构演变的因素非常复杂，其中主要因素有政府行为、区域经济状况、交通发展、技术革新和自然基质等。见图 4-10。在不同的历史时期以及不同的经济发展阶段，这些因素对廊道遗产空间结构演变的影响程度不同,其作用效果也存在一定的差异。

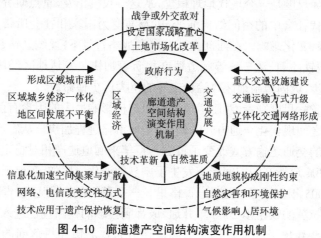

图 4-10　廊道遗产空间结构演变作用机制

一、政府行为影响

1. 战争或外交敌对

两国之间或两个政权之间进行军事战争或处于敌对状态时,原本在两者之间发挥政治、经济、文化纽带作用的廊道会面临暂时性瘫痪。廊道沿线的节点城市因进入军事戒备状态而发生功能变化,城市辐射范围收缩;廊道本身会因道路受阻而改道;原来分布于节点周围或廊道沿线的遗产单体可能因为战争而遭受破坏,或因为长期废弃而破败,从而使其丧失遗产价值。在这种情况下,廊道遗产空间结构产生了较大的变化,随着战争或敌对状态结束,空间结构可能得到恢复,也可能沿着已变化的路径继续发展。

2. 设定国家战略重心

国家政府的重要任务之一就是制定国家发展战略,而地理空间上的国家战略重心是一个国家在未来较长时期内的重点发展区域,它将对廊道遗产空间结构造成政策层面的影响。比如,我国在改革开放以后,将国家发展的战略重心布局在东南沿海地区,从而使内陆省份及存在于内陆的廊道遗产发展空间受到了一定的限制。而在 2000 年国家实施西部大开发战略以来,中央地方投入万亿计的资金为西部"输血"。西电东送、西气东输、南水北调、青藏铁路,一个个重量级的工程落户西部,撬动了"东强西弱"的格局。配合国家战略重心转移,西部廊道遗产得到了复兴,众多节点城市发展壮大、廊道交通线路升级,空间格局向网络化、纵深化发展。

3.土地市场化改革

土地是廊道遗产的基础性要素,政府在土地政策方面采取的一系列措施必然会影响到廊道遗产的空间结构。在古代社会,"普天之下,莫非王土",这说明土地国有或国王有最高土地所有权,此时廊道遗产的空间结构随着社会经济发展而自然演化,少有政策规定和法令限制。到计划经济时代,土地利用方式主要是通过划拨实现的。从 20 世纪80 年代中期开始,国家通过修正宪法和颁布部门法规,开始进行城市土地有偿使用制度改革。国家开征土地税,城市土地使用权可以出租、转让,逐步形成了土地市场。土地市场的形成提高了土地的经济效益,产生了级差地租,推动了廊道遗产节点城市内部空间与产业结构的调整,以及空间结构的优化与辐射范围的扩展。

二、区域经济影响

1.形成区域城市群

中心城镇是廊道遗产最重要的空间节点,它在现代社会经济发展中表现为特大城市、政治经济中心城市或交通枢纽城市。工商业的发展和交通枢纽的形成,使这些城市具有持续的发展动力、广阔的腹地、较好的经济基础和密切的城乡关系。因为其所处的优势区位,与区域内其他城市联系便捷,城市规模不断扩大,职能不断增加,逐渐形成了联系紧密的城市群。城市群可被视为是廊道遗产节点的变体,是功能更加强大、辐射范围更加广泛、结构更加稳定的节点体系。城市群强大的经济优势,间接地强化了交通廊道的功能,人、物、资本、技术、信息等经济要素在廊道遗产节点间传递,从而对廊道遗产空间结构起到了稳固的作用。

2. 区域城乡经济一体化

区域城乡经济一体化是比城市群的形成更加强有力的一种区域经济发展现象。它不仅涉及城市与城市的关系，而且将城市与广大的乡村地区联系起来，形成城乡区域一体化的经济空间格局。廊道遗产的节点多是经济发展程度较高的城市（镇），而廊道的分布和辐射域面的范围则多涉及乡村地区。区域城乡经济一体化为廊道遗产不同空间要素之间的联系和能量交换提供了一个整体性平台，有利于廊道遗产空间结构的总体稳定。然而，由于各结构要素之间的联系十分紧密，力量消长频繁，所以空间结构各要素在廊道遗产整体框架下经常会出现角色互换的现象。"总体稳定，局部活跃"是区域城乡经济一体化对廊道遗产空间结构影响的概括。

3. 地区间经济发展不平衡

廊道遗产具有跨越广泛地理空间的重要特征。由于地区间经济发展不平衡是区域经济发展中普遍存在的问题，所以廊道遗产的各个局部段落也必然呈现差异化的空间结构，而且局部段落之间在不同强度的经济条件约束之下也会产生强度不一的引力或斥力。比如，在经济相对发达的区域内，廊道遗产的空间结构表现为节点众多而密集、廊道网络化发展、节点与廊道间联系紧密且连通性较好、两者影响范围广泛、结构较为稳定；而在经济欠发达区域内，则呈现节点稀少、廊道交通单一化且通达性较差、结构不稳定等特点。同时，经济欠发达区域内的社会经济资源沿廊道向经济发达地区转移，从而容易形成廊道遗产空间强弱对比的"马太效应"。

三、交通发展促动

1. 重大交通设施建设

交通廊道是廊道遗产的骨架，也是构成廊道遗产空间结构的关键要素，交通条件的变化直接导致廊道遗产空间形态的变化。不仅如此，交通廊道的发展还会影响到节点城市（镇）的发展，因此说交通的发展决定了现代城市空间结构的形成。重大交通设施建设属于国家的战略性基础设施工程，对社会经济发展、地区间经济文化联系加强、城市化进程加快、区域竞争力提升均起到巨大推动作用。有时交通设施建设会威胁到传统交通廊道的存在。比如,京杭大运河沿线城市之间已经通过高速公路、铁路等现代化交通设施相连接,大运河所发挥的交通廊道功能基本丧失。大运河沿线原本依漕运而兴的许多城镇面临衰落的困境,运河本身也在若干区段出现断流。从空间结构上看,当代的大运河与古代繁荣时期相比,显现出结构松散、缺乏整体性等问题。

2. 交通运输方式升级

从古代以步行和马拉车为主的交通方式到自行车、有轨电车的盛行,直到目前许多城市大量使用的小汽车、大容量公共汽车以及地铁、轻轨等的发展,交通方式对城市空间的演化产生了深远的影响。交通运输方式的发展与交通设施的建设是相辅相成的,火车的出现必然带来铁路建设的高潮,小汽车的出现又会使高等级公路建设火热进行。它们不仅对城市空间演化产生影响,而且对城市之间的交通廊道形态及其兴衰也产生了重要影响。由于现代交通方式在社会经济生活中的广泛应用,使得茶马古道上的马帮、丝绸之路上的驼队和大运河上的船只已不见了踪影。交通方式的升级促使线路改道,那些廊道遗产沿线的节点为此而衰落或消失,空间结构发生了剧烈变化。

3. 立体化交通网络形成

除了汽车、火车等现代化交通方式出现和高速公路、铁路的大发展外,飞机出行已成为现代人远程交通和快捷物流的重要选择。截至2009年底,中国内地颁证运输机场达到166个,飞行区等级4E及以上(可起降B747飞机)的大型机场33个。到2009年,我国机场吞吐量各项指标再创历史新高,其中旅客吞吐量4.86亿人次,比上年增长19.79%;货邮吞吐量945.6万吨,比上年增长7.04%;飞机起降架次484.1万架次,比上年增长14.52%。预计到2020年,全国民用机场数量将达到244个,航空运输总周转量达到840亿吨。立体化交通网络的形成对廊道遗产空间结构具有双重影响,一方面使节点集散功能更强大,其辐射范围更广泛;另一方面会使路上廊道交通功能加速退化。

四、技术革新驱动

1. 信息化加速空间集聚与扩散

信息化对经济区域空间的不同部分发生着作用。在地域空间上，信息化对区域经济中心表现出强烈的推进作用，推动城市化进程，构建优质的经济中心；对经济腹地，信息化起着改进的作用，把经济中心的各种要素向经济腹地扩散，从而提升经济腹地的产业水平。这里的经济中心可理解为廊道遗产沿线的中心城镇和次级城镇，而经济腹地则是节点和廊道的辐射域面，以及域面外广泛的地理空间。信息化通过影响人才流、资金流、能量流、信息流的集聚和扩散，进而对廊道遗产空间结构产生影响。

2. 网络、电讯改变社会交往方式

互联网和通讯技术的发展可以克服原来存在于人际交通中一些时间和空间障碍，利用信息传递取代或减少人的通勤。人们在家中办公、上网购物、传播文化理念、交流个人思想。在互联网和电讯时代，廊道遗产原有的交通、商贸、文化交流的功能被大大削弱。商人和购买者无需往返于廊道两端的中心城镇就能够通过网络和现代化的交通物流完成买卖交易；人们无需见面就能够通过网络和电话进行思想交流。廊道遗产的物理空间在很大程度上让位于虚拟空间。

3. 数字技术应用于遗产恢复与保护

数字化技术为传统保护手段带来突破，从文化遗产的发掘、保护、研究与展示的各个环节对文化遗产保护工作进行辅助，通过数字化的手段更全面地记录文化遗产的信息，永久地记录下文化遗产的当前状态，并基于文化遗产的数字模型对保护、研究和展示提供辅助支持和新的手段。廊道遗产经过漫长的历史时期，其沿线的自然文化单体遗产有的已经消失，有的处于濒危状态。通过技术手段保护、发掘、再现这些遗产，不仅可以使遗产得到传承，而且可以使这些过去曾经辉煌的廊道遗产空间节点再次焕发生机。

五、自然基质约束

1. 地质地貌构成一定刚性约束

自然环境条件是空间分异与组合规律作用下,地球表层系统地质、地貌、气候、水文、土壤、生物等自然条件综合形成的具有内在关联性的自然综合体客观存在的外在因素和赋存状态。自然环境是廊道遗产环境要素的重要组成部分,也是空间结构形成发育的物质基质。无论是廊道遗产中的节点城镇、廊道,还是它们的影响范围,都受到地形地貌等自然基质的约束,而且由于自然环境的相对稳定性,这种约束表现出一定的刚性。比如,廊道遗产节点在山地丘陵地区表现为"分散组团状";在平原地区表现为"均匀分布状";廊道在峡谷河流地区大多表现为"带状"。

2. 自然灾害和环境保护

干旱、沙漠化、山体滑坡、泥石流、洪水、地震等自然灾害都会影响廊道遗产空间结构的演变。比如,在丝绸之路历史上曾经繁盛一时的楼兰古城、高昌故城、交河故城等,由于沙漠化威胁到人们的生存和城镇的发展,交通也被迫中断或改道,故而城和道双双衰落,当然这只是这些位于塔克拉玛干沙漠腹地和边缘城镇衰落的原因之一。此外,洪水和地震对城市(镇)区位也具有较大影响,人们通常不会选择那些经常洪水泛滥和地震频发的地方作为居住地。这也影响到廊道遗产空间结构的形成和变化。从另一层面而言,对自然环境的保护和生态的恢复,有助于自然灾害的减少,同时也有利于廊道遗产节点和交通廊道的恢复和保护,对廊道遗产空间结构的再造具有深远意义。

3. 气候影响人居环境

归根结底,廊道遗产空间结构演变的直接动力来源于人类行为的变化,而人类行为受到了其生存环境(即人居环境)的重要影响。气候变化对人居环境的影响是一种综合的影响,它最初表现为与人居有关的其他因素发生改变,进而影响人居环境。大量研究表明,气候变化将主要从下述 3 个方面对人居环境产生影响:一是气候变化后,资源生产(如农业生产和渔业生产)、商品及服务市场的需求产生了变化,使支

持居住的经济条件受到了影响。二是气候变化对居住地的基础设施
(包括能源输送系统)、建筑物、城市设施以及工农业、旅游业、建筑业
等特定产业产生了直接影响。三是气候变化后,极端天气事件增加、人
类健康状况发生改变、居住人口发生迁移等,这些都将影响人居环境。
人居环境和人类行为方式的变化必然导致城市(镇)、村落、交通廊道
随之改变,从而影响到廊道遗产的空间结构。

第五章 廊道遗产生命周期研究

第一节 生命周期理论的引入与应用

时空演化规律是廊道遗产研究的核心问题之一,第四章从纯空间的角度对廊道遗产空间结构的演化进行了探讨。空间结构的变化只涉及骨架,而要真正透析到廊道遗产的本质和灵魂还要从时间的角度去研究它的生命演化。因为,从时间脉络出发能够清晰地把握廊道遗产兴衰的真实动因和功能的古今差异。

生命周期是生物学领域中的概念,用来描述某种生物从出现到灭亡的演化过程。后来,生命周期一词被许多学科用来描述现象或事物类似的变化过程,进而成为指导实践的理论。生命周期理论是关于时间的理论,它是由美国哈佛大学教授雷蒙德·弗农(Raymond Vernon)为研究产品的市场寿命而最先提出的,而后被广泛地应用于政治、经济、环境、技术、社会、旅游等诸多领域。

一、产品与旅游地生命周期

1. 弗农的产品生命周期

产品生命周期理论(PLC, Product Life Cycle)是 1966 年在弗农《产品周期中的国际投资与国际贸易》一文中首次提出的。弗农认为,产品生命周期是产品的市场寿命,即一种新产品从开始进入市场到被市场淘汰的整个过程,典型的产品生命周期一般可以分成四个阶段,即引入阶段、成长阶段、成熟阶段和衰退阶段。见图 5-1。

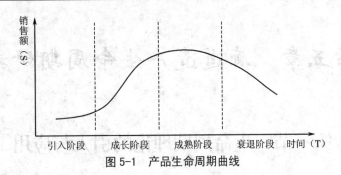

图 5-1　产品生命周期曲线

引入阶段(Introduction Stage)。产品投放市场,通过宣传、营销等一系列前期的市场活动,吸引公众视线,获得广泛认知,提高产品知名度和影响力。产品试用和各种折扣、促销活动也多在这一阶段推出。

成长阶段(Growth Stage)。当销售量不断增加、产品被同行业模仿并出现市场竞争者时,产品便进入成长阶段。从供给角度看,成长阶段需要持续的市场促销活动;从需求角度看,消费者出现重复购买的特点。

成熟阶段(Maturity Stage)。在成熟阶段,由于市场竞争的加剧,部分竞争者被淘汰出局。此时,产品销售量增长速度放缓或急剧下降,销售额达到一个高水平,购买产品的是典型的忠实消费者。

衰退阶段(Decline Stage)。由于市场竞争持续加剧、宏观或行业经济出现滑落、新产品和替代品不断出现,这些都导致产品进入衰退阶段。

2. 巴特勒的旅游地生命周期

巴特勒认为,景区和产品一样,也经历一种"从生到死"的过程,只是旅游者的数量取代了产品的销量。巴特勒提出旅游景区的演化要经过 6 个阶段:探索阶段、参与阶段、发展阶段、巩固阶段、停滞阶段、衰落或复苏阶段。见图 5-2。

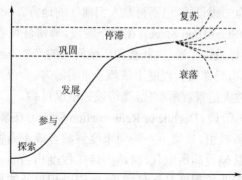

图 5-2　旅游地生命周期曲线

旅游地生命周期理论为描述总结目的地旅游发展历程提供了一套模式,每个阶段都有各个不同的特征,具体表现在:

探索阶段(Exploration Stage):其特点是旅游景区只有探险型游客,且数量有限,分布零散,他们与当地居民接触频繁。旅游景区的自然和社会经济环境未因旅游而有所改变。

参与阶段(Involvement Stage):旅游者的人数逐渐增多,吸引当地居民开始专为旅游者提供一些简易设施,旅游者依旧频繁与本地居民交往。旅游季节逐渐形成,广告也开始出现,旅游市场范围也已界定出来。

发展阶段(Development Stage):一个庞大而又完善的旅游市场已经形成,吸引了大量的外来投资。旅游者人数继续上涨,在高潮时期甚至超过长住居民人数。交通条件和当地设施等都得到了极大的改善,广告促销力度也大大增强,外来公司提供的大规模、现代化设施已经改变了景区的形象。旅游业发展之迅速使其部分依赖于外来劳动力和辅助设施。这一阶段应该防止对设施的过分滥用,因而国家或地区的规划方案显得尤为重要。

巩固阶段(Consolidation Stage):景区经济发展与旅游业息息相关。游客增长率已经下降,但总游客量将继续增加并超过长住居民数量。为了扩大市场范围,延长旅游季节,吸引更多的远距离游客,广告促销的范围得到进一步扩大。当地居民对旅游者的到来已产生反感。以前的设施现在降为二级设施,已不再是人们向往的地方。

停滞阶段 (Stagnation Stage):在这个阶段,旅游环境容量已达到或超过最大限度,导致许多经济、社会和环境问题的产生。游客数量达到最大,使得旅游市场在很大程度上依赖于重游游客、会议游客等。自然或文化吸引物被人造景观所取代,接待设施出现过剩。

衰落或复苏阶段 (Decline or Rejuvenation Stage):在衰落阶段,旅游者被新的景区所吸引,只留下一些周末度假游客或不露宿的游客。大批旅游设施被其他设施所取代,房地产转卖程度相当高。这一时期本地居民介入旅游业的程度又恢复增长,他们以相当低的价格去购买旅游设施。此时原来的旅游景区或者成为所谓的"旅游贫民窟"或者完全与旅游脱节;另一种可能是旅游景区在停滞阶段之后进入复苏期,有两种途径:一是创造一系列新的人造景观;二是发挥未开发的自然旅游资源的优势,进行市场促销活动以吸引原有的和未来的游客。

在衰落或复苏阶段有五种可能性:①重新开发旅游景区很有成效,使游客数量继续上升,旅游景区进入复苏阶段;②限于小规模的调整和改造,使游客量以较小幅度继续增长,复苏幅度缓慢,注重对资源的保护;③重点放在维持现有游客量,避免其出现下滑;④过度使用资源,不注重环境保护,导致竞争力下降,游客量剧减;⑤战争、瘟疫或其他灾难性事件的发生会导致游客量急剧下降,而且很难恢复到原有水平。

二、生命周期理论的缺陷

1. 阶段划分不确定

在学者们应用生命周期理论去解释现象或描述事物的过程中,对生命周期各阶段的划分以及每个阶段的特征理解不尽相同。这种不一致并不是学者本身造成的,而是现象和事物生命周期千差万别的反映。无论是弗农在研究产品生命周期时划分的引入、成长、成熟、衰退四个阶段,还是巴特勒在研究旅游地生命周期时提出的探索、参与、发展、巩固、停滞、衰退或复苏六个阶段,都表达了生命周期的一般规律性,它们都是理想的生命周期模型。在现实中,事物的发展可能会超越某一个阶段,或者某一个阶段在事物发展过程中根本不会出现。因此,对生命周期阶段的划分只是理论上的,实践中的千差万别并不是对理论的违背,相反是对它的补充。

2. 拐点位置难定位

既然是曲线就必然有拐点。生命周期曲线的拐点是指在事物和现象周期性演化过程中,当发展速度在某点出现正负变化时,会出现一个转折点,在此转折点之后事物和现象的发展方向会出现变化,这个转折点就是生命周期中的拐点。一般情况下,拐点的位置并不会像曲线图上表示的那么清晰,其中原因有二。一是上面所说的生命周期各阶段划分并不是泾渭分明的,所以各阶段的连接点即拐点自然也就无法准确定位;二是影响拐点的因素太多且过于复杂,比如竞争地的战略行动、替代品价格、消费者偏好、政府政策、自然力影响等,这些造成了拐点几乎无法事先预知。拐点位置不能准确定位使得生命周期曲线的形状和走向失去了解释力,从而使人们对生命周期曲线的科学性产生质疑。

3. 预测性弱于描述性

生命周期理论可以作为一个很好的描述性工具,但它不能作为一个完美的预测性工具。由于事物或现象生命周期的拐点只有在事后才能够确定,而不能事先预知,所以它们的生命周期是因事因地而异的。也正因为此,有的学者在研究旅游地生命周期后认为,生命周期理论模型在预测方面毫无用处,它的用途只在于描述和分析旅游地的发展轨迹。还有的学者认为,如果要将生命周期理论运用于预测就需要抛开"S"型曲线,而去找推动旅游地周期演进的力量,并预测其变化。在产品、技术、企业等领域研究中,也面临同样的问题。

第二节 廊道遗产生命周期

一、廊道遗产生命周期曲线

1. 廊道遗产生命周期的本质与研究目的

廊道遗产作为一个有机的具有生命力的复杂系统,如同生物群落一样,也有从出现到衰亡的生命周期。但与生物群落不同的是,廊道遗产在衰落后还会出现复兴阶段,并循环往复上演着兴衰交替的历史进程。在兴旺和衰败所经历的漫长的历史过程中,廊道遗产这个生命有机体内的各个组成部分或经历了覆灭和重生,或经历了更新和再造,它们无时无刻不在发生着类似生命的进化,以至于无人能够准确预测下一阶段廊道遗产的真实面貌。生命周期只是为研究者提供了研读廊道遗产过去和现在的一个工具、一种途径和一套方法,它并不能帮助我们去预判廊道遗产的未来。因此,总结廊道遗产生命周期的一般规律,其目的是让我们清晰地了解廊道遗产的发展演变过程,从而在当下更好地实现对廊道遗产的保护和利用,使它最大限度地发挥出利于当代和后代的功能。

2. 廊道遗产生命周期曲线及其说明

不同的廊道遗产,有不同的生存时空与活动环境,不同的环境,会孕育出形态各异的廊道遗产演化路径。与生物有机体类似,廊道遗产面临的生存环境也充满了复杂性、多维性和动态性。廊道遗产生命周期曲线从总体形态上看,与产品生命周期和旅游地生命周期相似,都是由"S"型曲线变化而来,大体经过了起源、成长、成熟、衰退(或复兴)等几个阶段。本书将廊道遗产生命周期具体划分为:开拓期、繁荣期、衰落期、中断期、复兴期五个阶段。见图5-3。

由于廊道遗产是一个巨大的时空系统,它的生命周期较之产品和旅游地表现出更为复杂的特征。因此,廊道遗产生命周期曲线的细部形态也有别于产品生命周期曲线和旅游地生命周期曲线。其中包括:

◆ 廊道遗产生命周期五个阶段彼此间的分界并不是由某一个时间点划分的,而是由一个时间段划分的,即曲线的拐点代表了历史上的某一个时期;

◆ 廊道遗产生命周期曲线坐标横轴虽然也代表了时间,但它的时间跨度要远远大于产品和旅游地生命周期的时间进程;

◆ 廊道遗产生命周期曲线坐标纵轴无法量化(如销售额或游客接待量),只能以"兴衰"示意,越往上表示廊道遗产繁荣程度越高;

◆ 廊道遗产生命周期曲线因各廊道遗产而异,并不是所有廊道遗产都必须经历这五个阶段,各自阶段或长或短,甚至可以完全超越某个阶段。

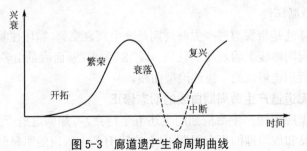

图 5-3 廊道遗产生命周期曲线

二、廊道遗产生命周期曲线修正与检验

1. 廊道遗产生命周期特点

（1）必然性

必然性是指廊道遗产生命周期存在的必然性。廊道遗产一般要经历一个由形成到繁荣、由繁荣到衰落、再由衰落到复兴的演化过程。这种类似生命进化的周期性演进是不以人的意志为转移的客观规律决定的，在曲线上表现为波浪型。

（2）偶然性

偶然性是指廊道遗产在必然的周期性演化中所经历的转折点具有偶然性。不管是由盛转衰，还是由衰入盛，都需要有外部因素的驱动，这些外部因素的形成和发生是偶然的。这也决定了不同廊道遗产生命周期细部形态的不同。

（3）复杂性

复杂性是指廊道遗产生命周期演化的驱动因素的复杂性。影响廊道遗产发展进程的外部因素包括政治、经济、军事、文化、技术、意识形态、价值观念等，这些因素错综复杂地交织在一起，形成合力，共同影响廊道遗产的生命演化。

（4）包络性

包络性是指廊道遗产的生命周期轨迹是众多节点（中心城镇、次级城镇、中继站）和廊道（主干廊道和支线廊道）各自生命周期曲线构成的包络线,是由众多节点和廊道的兴衰共同决定的。

（5）循环性

循环性是指廊道遗产生命周期是一个兴衰交替、循环往复的过程,在生命周期曲线上的表现不只是一段"S"型曲线,而应是由多段"S"型曲线前后相连组成的一组波浪型曲线。

2.廊道遗产生命周期曲线的动态修正

根据廊道遗产生命周期的上述五个特点,可知廊道遗产的生命周期与产品和旅游地的生命周期不同,它没有各个阶段的明显分野,它的开拓、繁荣、衰落、中断和复兴皆有其特殊性,受外界环境因素影响较大,生命曲线表现为波浪线,且起伏不定。

从大跨度的时间维度看,廊道遗产的兴盛和衰败体现出了历史的必然性;而从某一时间段来看,它的生命路径又具有相当的偶然性。廊道遗产的盛衰归纳起来主要受到下列因素的影响:国家政权的更迭或外交行动;改善民族关系、国际关系的需要;沿线单体遗产的发现与覆灭;交通工具的演进和道路状况的变化;国家或地区经济的发展与经贸交流;宗教的传播和信仰的变化;军事战争或其他历史重大事件的影响等。因此,廊道遗产生命周期曲线所表现出的一般性规律（图 5-3）在现实中只具有理论意义和静态指示性。而实际上,廊道遗产的生命周期曲线应当是形态各异且变化复杂的,是各种因素综合影响下的动态循环曲线。见图 5-4。

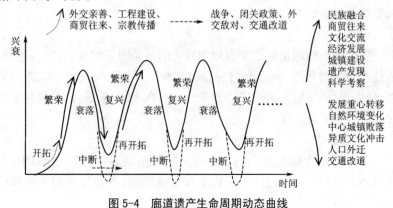

图 5-4　廊道遗产生命周期动态曲线

3. 以丝绸之路检验廊道遗产生命周期曲线

下面以丝绸之路作为例证,从生命周期角度,即时间视角,分析影响廊道遗产兴衰的事件和因素。值得注意的是,廊道遗产的繁荣、衰落、中断和复兴可能会循环上演。见表5-1。

表5-1 丝绸之路兴衰及影响事件／因素

分期	兴衰	历史事件	影响因素
开拓期	开拓	公元前138年,汉武帝派张骞出使西域联合大月氏抗击匈奴,张骞成为实地勘察西域的第一位官方使节	外交 战争
	巩固	汉武帝采取一系列的军事行动征战匈奴,尤以公元前121年河西之战最为著名	战争
繁荣期	繁荣	汉朝大力发展与西域各国的友好关系,于公元前119年派张骞再次出使西域,与所到诸国进行了外交往来和物资交换	外交亲善 商贸往来
	全盛	唐朝时期,在龟兹、于阗、疏勒、碎叶设立安西四镇,由安西都护府统领,驻兵把守,对西域进行有效统治。丝路亦成为佛教传播之路	城镇建设 宗教传播
衰落期	萧条	自9世纪末开始,中国的政治、经济、文化中心逐渐向东南沿海转移。东西海上交往逐渐频繁,陆上丝路的安全难以保障,使用率自然降低	经济发展 重心转移
繁荣期	再度繁荣	元代,由于蒙古的西征和对中亚、西亚广大地区的直接统治,东西驿道通畅,这条陆上丝路又繁荣一时	巩固政权 民族融合
衰落期	衰落	明朝实行闭关政策,以嘉峪关为界,划关而治,中西交往主要依赖海路,陆上交通干线也改道哈密,原来意义上的丝绸之路已无繁华可言	政权更迭 交通改道
中断期	中断	清代以来,闭关政策尤甚,与西方交流基本中断。新中国成立后312、314、216等国道建设,进疆铁路和南疆铁路开通	闭关政策 交通改道
复兴期	复兴	莫高窟的发现和敦煌学的诞生让丝绸之路又重现光芒,尤其是近年来西部大开发和丝绸之路旅游热的出现,使沉寂多年的丝绸之路再度兴盛	遗产发现 经济发展

根据上表,绘制丝绸之路生命周期曲线,见图5-5。

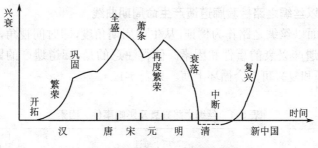

图 5-5　丝绸之路生命周期曲线

　　丝绸之路起始于公元前 138 年,汉武帝派张骞出使西域,距今已有 2100 多年。其基本走向形成于公元前的两汉时期。历史上的丝绸之路不是一成不变的,随着地理环境的变化和政治、经济、宗教形势的演变,不断有一些新的道路被开通,也有一些道路的走向有所变化,甚至废弃。

　　丝绸之路开通之后,为了促进西域与长安的交流,汉武帝招募了大批商人,利用政府配给的货物,到西域各国经商。这些具有冒险精神的商人大部分成了富商巨贾,从而吸引了更多人在丝绸之路上从事贸易活动,极大推动了丝绸之路的繁荣。

　　中国历史进入唐代以后,丝绸之路引起了统治者的关注。唐王朝借击破突厥之机,一举控制了西域各国,并设立安西四镇作为中国政府控制西域的机构,新修了玉门关,打通天山北麓的各条支线,将西线打通至中亚。由此一来,丝绸之路达到了全盛时期,它不仅是一条商贸之路,而且还成为了宗教之路、文化之路、艺术之路、思想之路,在中西方之间架起了一座沟通的桥梁。

　　安史之乱后唐朝由盛转衰,西藏吐蕃越过昆仑山北进,侵占了西域的大片土地。中国北方战火连年,丝绸、瓷器产量下降,商人为求自保而不愿远行。唐代以后中国经济中心逐渐南移,带动了南方丝绸之路和海上丝绸之路的繁荣。在这些因素共同作用下,丝绸之路显现萧条景象。

　　元朝成吉思汗和他的子孙们向中亚、西亚广开疆土,还一度向欧洲挺进,此时丝绸之路在某种程度上成为蒙古帝国的内部交通线路,丝绸之路有再度繁荣的迹象。但是,好景不长,明清时期的闭关政策使丝绸之路迅速衰落,直至中断。东西方陆路交流线路陷入荒废状态。

1900 年,道士王圆箓发现了藏经洞,以后大批古籍经卷被斯坦因、伯希和等外国考古学者以各种手段获取。莫高窟的发现和后来敦煌学的诞生让丝绸之路又重现光辉。新中国成立以后,对丝绸之路的文化挖掘和遗产保护的热潮日渐兴起,特别是国家实施西部大开发以来,丝绸之路得到了国家战略层面的高度关注。多国联合"申遗"、新亚欧大陆桥的打造、丝绸之路遗产旅游的火爆,使丝绸之路重获新生。

第三节　廊道遗产生命周期阶段分析

一、廊道遗产开拓期

主因:①巩固政权(如丝绸之路、京杭大运河、青藏公路等);②经济发展(如西南丝路、川盐古道、青藏铁路等);③天然水道(如长江三峡)。

廊道遗产的开拓阶段,通常是伴随着国家的重大决策开始的,与国家的政治、军事、经济、文化需要密切相关。起初,廊道遗产出现,无论是人工建造(运河或铁路),还是历史不断演化形成的(商贸或文化交流线路),很多都受到国家或政权的利益驱使。因此,这一阶段既是廊道遗产的形成期,也是廊道遗产内部结构变化最为激烈的时期,表现出廊道遗产明显的功利性和目的性。开拓期因不同类别的廊道遗产而有时间上的差别。人工建造的廊道遗产开拓期较短,由于其目的性更为明确,所以建成后即将进入繁荣期;而自发形成的廊道遗产的开拓期时间较长,进入繁荣期是量变到质变的过程;混合类型的廊道遗产开拓期时间长度较难确定。一般认为,节点(中心城镇)和廊道(主要交通线路)基本稳定就是开拓期结束的标志。

二、廊道遗产繁荣期

主因:①经贸往来(如丝绸之路、茶马古道、西南丝路、川盐古道等);②文化交流(藏彝走廊、唐蕃古道、丝绸之路等);③旅游活动(青藏铁路)。

在廊道遗产的繁荣阶段,交通廊道的运输功能得到充分发挥,运输方式和运输能力逐步提高,在中心城镇之间形成了稳定的人流、货物流、信息流、资本流、文化意识流的双向交流通道。廊道遗产沿线矿产资源、农副产品迅速得以开发,沿线经济随之发展,人口迅速增加,民族之间文化交流日益频繁,区域内原有的城市(镇)、人口和生产力布局被打破,区域发展不平衡规律开始发挥作用,交通经济带基本形成。繁荣阶段的几个显著特征有:①运输方式或运输能力明显增强,与主干廊道交叉的支线廊道不断涌现,廊道影响范围显著拓展;②廊道遗产沿线物质能量交换以内外交换和内部交流并重,沿线各城镇间的客货交流明显增强,货种结构日趋复杂,商业贸易发达;③廊道沿线产业结构和城镇结构等级普遍提高,形成了较为完整的产业结构体系和城镇体系;④廊道遗产中心城镇地位增强,辐射范围明显扩大,中心城镇对其他地区的影响以梯度扩散形式为主;⑤廊道遗产沿线居民精神生活丰富,传统的民俗、节庆、音乐、戏剧、手工艺等得到传承和发扬。

三、廊道遗产衰落期

主因:①政治:因政权更替导致的国家外交政策的变化(如唐蕃古道、丝绸之路、京杭大运河等);②经济:国家经济战略重心的转移(如丝绸之路、唐蕃古道等);③交通:交通方式变革所带来的交通线路改变(如长江三峡、茶马古道、剑门蜀道、川盐古道等)。

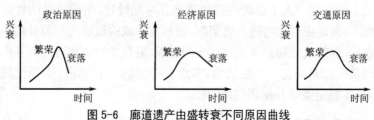

图5-6　廊道遗产由盛转衰不同原因曲线

从图5-6可以看出,政治原因导致廊道遗产衰落往往表现为狂风暴雨式的变革,从繁荣期到衰落期的转换十分突然,具体表现为:交通线路即刻封闭,沿线城镇快速衰落,出现外迁移民潮,区域内工商业受到重创,多数物质和非物质遗产濒危。经济重心转移而致的廊道遗产衰落则是一个循序渐进的过程,具体表现有:廊道遗产城镇体系出现结构性失衡,中心城镇作用不再明显,次级城镇和中继站衰落或消失,交通线路客货流量逐渐减少,技术、资本和人才向着新的国家经济中心转移,物质遗产大部分得到保留,非物质遗产部分得到传承,另一部分在人口迁移过程中变异或消失。因交通变革而导致的廊道遗产衰落的速度介于政治和经济原因之间,属于温和渐变式的变化,具体表现是:新的交通方式和交通线路出现后,原有的交通廊道在一定时期内仍然发挥原有功能,且该功能随着新型交通方式和新的交通线路的不断强化而呈逐渐弱化态势;廊道遗产沿线产业结构和城镇体系发生重组,中心城镇功能和影响范围不但没有弱化反而得到强化,但是低等级节点快速衰落,沿线单体遗产的存在受到威胁。

四、廊道遗产中断期

主因:①政治对立(如丝绸之路、京杭大运河、唐蕃古道、藏彝走廊等);②自然条件恶化(如丝绸之路)。

当曾经繁盛一时的廊道遗产进入衰退阶段之后,有可能面临三种发展路径,一是经过中断期进入复兴阶段;二是直接进入复兴阶段;三是中断期无限延长,廊道遗产被历史湮没,至今没有复兴。第三种情况本书不做讨论,第二种情况在复兴期中讨论,在此只讨论第一种情况。中断期是廊道遗产生命周期所特有的现象,在产品、企业、行业、旅游地生命周期中不曾遇到。当廊道遗产衰落到一定程度后,它所表现出的生命特征极其微弱或彻底消失,具体表现在:城镇衰败或消失,交通道路废弃,客货流量几乎为零,居民外迁或与世隔绝,本土文化存亡出现两个极端,或随人口迁移而消亡、或因与世隔绝而得到完整保存。造成廊道遗产生命中断的原因主要有两个:政治对立和自然条件恶化。前者可以随着政治敌对状态的解除而使廊道遗产生命得到延续;后者虽无原样恢复的可能性,但可通过交通改道使廊道遗产的大部分物质文化和精神内涵得到继续发扬，从而使廊道遗产转入复兴阶段。

五、廊道遗产复兴期

主因：①国家政治、经济、文化发展需要（所有廊道遗产复兴均有此类原因）；②旅游活动（丝绸之路、茶马古道、京杭大运河、长江三峡等）。

廊道遗产的复兴分为两种情况：一是功能复兴；二是精神复兴。功能复兴是指，廊道遗产经过漫长的衰退期和中断期之后，其原先的节点和廊道重新焕发了活力，进而继续发挥原有的交通运输、商贸往来、文化交流等功能，在使这些功能得到强化的同时，还增添了新的功能。历史上廊道遗产的复兴大多属于这一类型。精神复兴是指，廊道遗产在衰退和沉寂之后重新被社会所关注，由于交通方式的变革使原有廊道的交通功能几乎丧失殆尽，但是廊道遗产所蕴含的强大精神力量被深入地挖掘出来，并服务于社会经济发展和国家政治统治。廊道遗产的现代复兴大多属于这一类型。由此可见，在廊道遗产复兴阶段，并不是要全方位地恢复廊道遗产的原始形态和功能，而是要根据现代社会的需要，选择性地重新寻找廊道遗产的精神内核，并由此体现和生成廊道遗产新的价值和功能。具体到我国当前的廊道遗产复兴实践中，我们并非要复原丝绸之路、茶马古道或大运河的每一条线路或河道，也不是要重建位于这些廊道遗产沿线的每个古城和建筑，而是要不断挖掘在它们身上所体现的文化和精神，以强化中华民族的认同感和凝聚力，提升国家软实力。

第四节　廊道遗产现代发展动力分析

一、中国廊道遗产发展的动力因素

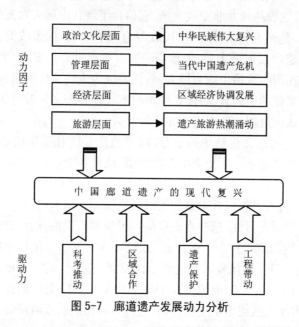

图 5-7　廊道遗产发展动力分析

正如本书开篇所述,进入 21 世纪以来,我国廊道遗产被全社会关注的程度空前提高。国人争相了解它们的历史,媒体用大量篇幅报道它们如今的发展,学者们关注它们的保护情况,旅行社纷纷推出廊道遗产的旅行线路。所有这些都预示着廊道遗产在现代复兴的道路上势不可挡。廊道遗产复兴的背后蕴藏着深刻的原因和巨大的推动力量。

1. 政治文化层面:中华民族伟大复兴

民族的复兴是一项复杂的系统工程,它需要几代人的不懈努力与艰苦奋斗。在中国近代史上,我们的民族受到了太多的屈辱,民族精神受到了巨大的打击,民族性格受到了极大的压抑。这些屈辱、打击和压抑在新中国成立后逐步地被认知,民众产生了化解屈辱、释放压抑的内心渴望。尤其是改革开放以来,中国在经济腾飞的同时,以一个大国的姿态广泛地参与到国际事务中,中国共产党在这样的环境下提出了实现中华民族伟大复兴的宏伟蓝图。

当下,丝绸之路、大运河、茶马古道等廊道遗产备受社会关注和旅游者追捧,这股热潮并非空穴来风,它谙合了现代中国人对光荣历史追忆的愿望,是对炎黄子孙这一"民族身份"的认同。国家政治文化的需要是廊道遗产发展最主要、最核心动因。纵观世界历史,一个国家、一个民族要在国际政治中成为巨人,首先要成为先进文化的引领者,而要成为先进文化的引领者,必然要经历对本民族传统文化的再认识过程,文化的再认识过程往往表现为文化的复兴。

遗产是民族文化精华的遗存,廊道遗产是文化精华的集大成者。我国廊道遗产展示了历史上中国的智慧、成就和命运,是中华文化和政治经典的生动教科书。西方大国已经将原先对我国实行的政治对抗和军事威胁,转入了表面看来温和的经济殖民和文化入侵,其有害性不言而喻。筋骨断尤可续,精神丧不可活。国破家亡尚能拯救,文化沦丧是对一个民族的致命打击。保护廊道遗产、珍重民族文化是中华文化复兴的重要环节。文化复兴是民族全面复兴的先导,是一面极具鼓舞与激励功能的旗帜。廊道遗产在中华文化复兴的历史时刻被国人所瞩目,它的内涵已然超出了文化范畴,它肩负着伟大的政治使命。

2. 管理层面:当代中国遗产危机

遗产资源是最具核心竞争力的旅游资源,这一点已经在国际上达成共识。我国是世界遗产大国,已入选《世界遗产名录》的世界遗产数量居世界第三位,中国遗产旅游的发展直接影响到国际遗产旅游发展的步伐。敦煌壁画的剥落、水洗"三孔"事件的发生、武当山遇真宫的失火、张家界的百龙电梯以及泰山索道引发的争议,让人们意识到遗产资源,尤其是世界遗产所面临的严峻问题。中国作为遗产大国如何才能将文化"命脉"妥善保护和延续,成为化解当代中国遗产危机的关键问题。

我国目前的遗产管理,无论在遗产的宏观制度环境还是微观的管理形式上,都没有形成一套与世界遗产保护要求相适应的管理体制。

目前大多数遗产沿用的是文物、风景区等管理模式。不可否认,这些管理经验对遗产保护有很大作用,但必须看到,它与遗产保护体系本身有较大差异性。已发生的多起破坏遗产事件都是由于管理体制不健全、监督机制不完善而造成的。对遗产的管理应根据环境特征,结合遗产保护本身的要求适时加以改革。

当代中国遗产危机是淡薄的意识和落后的体制共同造成的。意识的提高靠教育和示范是可以达到的,而体制问题只有通过改革才能解决。廊道遗产为遗产管理体制改革找到了突破口,它为各地区、各管理部门的合作提供了一个机会。

廊道遗产的提出从表面上看,可能会加剧遗产危机,因为单体遗产问题尚且层出不穷,跨区域、多类别的大型廊道遗产会使遗产管理愈加困难,保护与开发矛盾更加尖锐。但是,从现实中我们发现,丝绸之路旅游区总体规划项目促进了丝路沿线六省区的合作;对茶马古道的研究促使川、滇、藏旅游经济圈构想的出炉;京杭大运河申遗工作的启动促进了沿线省市的紧密联系。这是廊道遗产为遗产保护领域带来的新气象,对跨区域遗产管理、旅游区域合作、遗产保护与开发都具有启示作用和示范意义。

3. 经济层面:区域经济协调发展

"效率优先,兼顾公平"是我国调控区域经济发展的八字方针。在经济发展过程中,努力把区域经济差异变化控制在一个区间之内。这个区间是,一端以不影响全国经济发展总体目标的实现为界限,另一端以区域之间不出现两极分化,保证社会安定为界限。在这一区间内,可以认为区域经济发展是协调的,其特征表现为:区域之间在经济交往上日益密切、相互依赖日益加深、发展上关联互动、各区域经济均持续发展。

邓小平曾经说过,让一部分人先富起来,但我们的最终目标是走向共同富裕。走向共同富裕和共同发展,国家需要区域协调发展,也需要国家宏观上的调控和把握。我国东部地区相对而言已完成了资本的原始积累;中部地区正在平稳发展;而西部和东北都存在不同程度的投资饥渴。协调发展应将东部相对富裕的资金通过政策引导流向西部和东北,当然不是扶贫和做好事,而是建立在共同发展和双赢的基础上。

为缩小东西部差距,实现区域经济平衡发展,国家"九五"计划明确提出经济开发战略重点西移的方针,这是西部大开发的政策支持。廊道遗产建设是配合西部开发战略的文化工程,除大运河以外的几条重要廊道遗产均地处中西部,廊道遗产沿线经济相对落后。遗产旅游热将使廊道遗产沿线地区吸引更多的旅游者前来进行文化消费,其中主要客源来自经济相对发达的东部地区,旅游者的流动促进了社会收入的再分配。廊道遗产的发展一方面带动了西部地区之间的合作,另一方面吸引发达地区优良资产的注入、优秀人才的流入和管理经验的引入。由于旅游业的兴起,带动了落后地区的经济发展,改善基础设施、美化生活环境、缓解就业压力、盘活了相关产业,有利于东西部经济差距的缩小和区域经济的协调发展。

4.旅游层面:遗产旅游热潮涌动

遗产旅游热潮的兴起为廊道遗产的发展吹响了冲锋号,成为廊道遗产发展的主要表现形式和重要原因之一。

影响遗产旅游需求主要有四个因素:旅游者对于遗产地了解程度的加深;人们通过认知历史环境或展示的历史而表现个性;休闲时间的增加,移动性和可达性的提高;人们期望超越当代体验而弥补历史缺失的需求。电视和互联网的普及使信息传递更加方便快速,社会发展增加了人们可自由支配的时间,交通工具的进步提高了遗产地的可进入性,城市化带来的压力使人们有了体验不同生活环境的迫切需求。当这些条件同时被满足后,人们的潜在旅游需求被激发,从而使旅游动机转变成现实的遗产旅游活动。

我国近年来文化旅游方兴未艾,遗产旅游者均可被视为是文化旅游者。在遗产地中,廊道遗产受到了旅游者格外的青睐,各旅行社也为迎合旅游者需求纷纷推出长江三峡游、丝绸之路游等旅游产品。影视剧作品对廊道遗产旅游也起到了推波助澜的作用,如电视剧《茶马古道》、纪录片《再说长江》、《新丝绸之路》等,在向观众讲述历史故事的同时,以其唯美的画面激起人们旅游的欲望。巨大的游客量表现出遗产地的文化魅力,同时也为其保护工作提出了难题。

　　廊道遗产分布在一个相对广阔的地理空间,对于分散客流具有特殊作用。在它的沿线不仅有古老的城市、众多的古迹、神秘的文明,而且还有多样的地貌特征和优美的自然风光。更重要的是,廊道遗产承载着一般遗产地所没有的、由时间和空间共同浇铸的多元文化,这是吸引旅游者的关键因素。如果说遗产是最具核心竞争力的旅游资源,那么廊道遗产便是其中最为精彩的部分。遗产旅游为廊道遗产的建设发展提供了机遇,廊道遗产的发展反过来会极大地推动遗产旅游向更理性、更健康的方向发展。

二、中国廊道遗产现代发展的驱动力类型

1. 科考推动型:茶马古道

　　茶马古道是典型的廊道遗产。历史上它是一个庞大的交通网络道路群,以川藏道、滇藏道与青藏道三条大道为主线,辅以众多的支线、附线构成的道路系统。茶马古道是西南汉藏多民族逐渐聚合、象征民族团结、祖国统一的历史见证,自古以来在联接汉藏地域文化、促进地方经济发展、打通对外交流途径方面发挥了十分重要的作用。

　　茶马古道一词产生的历史并不长,在过去的历史文献中没有使用过。1990年7月到10月,在木霁弘、陈保亚、李旭、徐涌涛、王晓松、李林六位同志步行考察茶马古道之后,才完成了对这条古道的命名,并在随后的专著《滇藏川“大三角”文化探秘》中进行了论证。正是这次艰苦的徒步考察,为这个廊道遗产取了浪漫诗意的名字,极大提高了茶马古道的知名度,促进了对廊道沿线少数民族文化和古道历史的研究,同时还带动了一批批的学者、专家一次又一次地走上茶马古道进行学术考察活动。2002年6月,西藏自治区昌都地区、四川省甘孜藏族自治州、云南省迪庆藏族自治州联合举办茶马古道综合科学考察活动,并召开了茶马古道学术考察研讨会,提交论文近40篇,央视、凤凰卫视、《中国旅游报》、《中国国家地理》等十多家媒体随队报道。此次活动成果丰硕、意义重大、影响深远,对于茶马古道廊道遗产的宣传与研究起着不可磨灭的作用。

　　茶马古道的名声大震得益于科学考察活动,从开始就为其打上了

深深的文化烙印。正当外界给予茶马古道更多关注的时候,它正在悄悄地发生着变化。古道的主干不断地被公路替代,古道网络被分割成局域网络,古道上的语言文化在逐渐地消亡,对茶马古道的开发与其他遗产一样面临着保护的难题。古道的消失不仅是古道本身的消失,伴随的是古道赖以生存的生态环境的消失和语言文化的消失,这对人类是一个重大的损失。科考活动像当初探索发现古道一样,正在以其严谨的科学精神护卫着古道,使其在现代文明的冲击下安全地生存。

2.区域合作型:丝绸之路

丝绸之路的"成名"要远早于茶马古道,19世纪60、70年代德国地理学家李希霍芬首次提出中国经西域与希腊、罗马的交通路线名为"丝绸之路"。丝绸之路作为贸易路和民族迁徙交流的大通道,其形成应不晚于公元前5世纪。国内外对其进行系统研究已经有100多年的历史。

丝绸之路在世界历史上发挥的作用大于任何一条廊道遗产。丝绸之路作为贯通亚欧大陆的动脉,是世界史发展的中心,是世界主要文化的母胎,是东西文明的桥梁。丝绸之路在历史上几经兴衰,新中国成立后,对丝绸之路的研究登上了一个高峰,而作为商贸之路、宗教传播之路、民族融合之路的古道已经失去了往日的光彩,只残留下零星的遗迹,证明着丝路逝去的繁荣。

世界敦煌学的发展和不断的考古发现并没有让丝绸之路真正地被普通人所关注,直到20世纪90年代西部大开发战略的实施和遗产旅游的发展,才使这条千年古道走进了亿万普通中国人的视野。现在,丝绸之路已成为世界上最具有影响力的国际旅游线之一。它贯穿我国西北五省区和河南省,将中原与西北串连起来,从战略层面促成丝路沿线六省区的合作,构成中国距离最长、辐射面最广、形象最突出、最具吸引力的黄金旅游带,从而加快中西部地区经济发展的步伐。

丝绸之路是西北地区区域合作的纽带,共同打造丝绸之路旅游线路是六省区打破省级行政区划束缚,进一步联手协作、整合资源,实现区域旅游资源互补的契机。丝绸之路促进的区域合作有利于带动各省区旅游及相关产业进一步繁荣;有利于增强西北地区及其他旅游景区人民的经济收入;有利于最大限度地解决富余劳动力的就业问题;有利于提高人口整体素质;有利于资源的永续利用和社会的可持续发展。丝绸之路是国际化的廊道遗产,它是属于全人类的共同遗产,我们还应该依托丝路开展国际合作,恢复其亚欧大陆桥的本色。

3. 遗产保护型:京杭大运河

京杭大运河全程贯通于隋朝,长约 1800 公里,已有一千三百多年的历史,是世界上最早、早长的人工河流,与古老的万里长城齐名天下。大运河联通了黄河文明与长江文明,是南北商贸往来大动脉,极大促进了国家统一和民族融合,对我国古代南北政治、经济、旅游、文化和渔业等均产生了重大影响,是我国珍贵的廊道遗产。

大运河历史上曾是黄金水道,南北交通大动脉。随着工业的发展,运河的交通功能逐渐让位于铁路和公路。又由于工业化初期不注意环境的保护,运河成为沿途工厂与居民的排污捷径,河水变黑、变臭,两岸颓败衰落,运河传统功能正逐步衰弱,真实性和完整性正在遭到破坏,大运河遗产告急,对其实施保护迫在眉睫。

2005 年 12 月 15 日,我国著名文保界元老、90 岁高寿的郑孝燮和 82 岁的罗哲文,以及 61 岁的著名工艺大师朱炳仁先生,三位一起联名致信给京杭大运河沿岸城市的市长,呼吁用创新的思路,加快大运河在申报物质文化和非物质文化两大遗产领域的工作进程,以更好地保护我们民族的珍宝。他们的呼吁得到了政府的重视。2006 年 5 月,国务院核准公布"京杭大运河"为全国重点文物保护单位。"全国政协京杭大运河保护与申遗考察团"自通州至杭州对大运河进行了全程考察,发表《杭州宣言》;同年 10 月"中国(北京—通州)京杭大运河文化节——中国京杭大运河保护与可持续发展高峰论坛"成功举办,会上发表《通州宣言》。两次《宣言》建议:国家相关部门及运河沿线城市,应加强对大运河遗产的保护力度。同年 12 月,大运河(北京市、天津市、河北省、山东省、江苏省、安徽省、浙江省、河南省)被列为《中国世界文化遗产预备名单》第一项。

大运河是我国水陆廊道遗产的代表,其价值不仅包括实体型的文化遗产,还包括构成运河廊道遗产的非物质文化遗产。它的复兴将激活整条运河沿线 20 多座运河历史名城和众多名镇,将促进对沿线无数历史文化遗迹和非物质遗产的保护。

4. 工程带动型:长江三峡

长江三峡是依托自然水系天然形成的水陆廊道遗产。三峡及其周围地区,是中国历史上南北文化长期碰撞与融合的重点区域,也是长江流域东西部文化的交汇地带,是中华民族的发祥地。早期人类和巴楚先民在这里活动频繁,难以计数的人类文化与文明活动的文物遗存构成了一座珍贵的人类历史文化宝库。

多年来,长江三峡游是一条经久不衰的旅游热线,山峡观光旅游是其主打产品。由于长期以来对两岸文化遗产价值的挖掘不够,遗产旅游始终不温不火。三峡工程建设的前期论证和文物保护工作极大地推动了三峡地区遗产事业的发展。长江三峡水利枢纽,是当今世界上最大的水利枢纽工程,它的开工建设使长江三峡成为全世界关注的焦点,保护三峡文物、研究三峡历史、普查评估三峡资源赋存等工作相继开展。三峡大坝竣工时最终蓄水位达 175 米,三峡工程淹没区的文物多达 1200 余处。2000 年经国务院三峡工程委员会审批,正式将 1087 处文物列入保护规划。20 世纪全世界最大的文物抢救性保护工程轰轰烈烈地开展,全国数千名专业考古人员为此进行着艰苦而卓有成效的工作。

三峡工程对旅游业影响深远,一方面由于水库最高水位将淹没部分旅游资源,同时又将形成一些新的景观,增添一些新的旅游胜地;另一方面将淹没、搬迁某些现有旅游设施,同时又为旅游业的发展创造新的良好条件,特别是世界水平的、超大型的三峡工程本身,具有很高游览价值。

长江三峡廊道遗产正在经历着历史上最重要的一次大考验,考验的缘由是三峡工程,工程本身对廊道遗产来说并无好坏之分,只是人类在原有的文明上面添加的砝码。廊道遗产只有当其历史剖面不断叠加、地理空间不断延展,才能够不断地发展,为后世留下当代的印记。魏小安先生曾说过:我们的义务不仅仅是将那些前人留下的、代表人类文明发展的实证符号传给后人,我们还有义务为后人创造可供他们用以传递的伟大作品,为后人留下能够反映我们这个时代烙印与创造力的遗产。

第五节　从生命周期视角解析廊道遗产功能

一、廊道遗产功能的古今演进

在生命周期的不同阶段,廊道遗产所发挥的功能也不尽相同;同一种功能可以在不同的阶段发挥作用,也可能随着历史的发展而增强、减弱或消失。廊道遗产的功能总是在不断地变化之中,符合时代发展的功能将促进廊道遗产的繁荣,相反则会加速廊道遗产的衰落。廊道遗产的兴衰通常伴随着功能的强化和衰减,因此,研究廊道遗产古今功能的演化对于保护和利用当今廊道遗产具有特殊意义。

廊道遗产在某一阶段的功能与这一阶段影响廊道遗产发展的动力因素是相关联的。某一个动力因素影响了廊道遗产的生命演化进程,从而使得廊道遗产朝着某个方向发展,由于路径依赖,在这个发展方向上,必然会有与当初那个动力因素相关的功能继续发挥作用。而且此功能的发挥,直接影响廊道遗产未来的方向选择。正是基于功能对于廊道遗产的重要作用,本书将廊道遗产历史和现实主要功能总结如下。见图5-8。

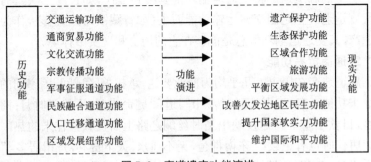

图 5-8　廊道遗产功能演进

有两点值得注意：一是,上图所列廊道遗产的历史和现实功能只是它们的主要功能,而且为了凸显历史和现实功能的差别没有重复列举。但是,有的功能既是历史功能,同时也是现实功能,只是功能发挥的强弱程度有所区别而已,如交通功能、商贸功能和文化交流等功能。二是,并非每一条廊道遗产都兼具上图中所有的功能,而且在不同历史时期其主要功能也会发生功能转化,原先的功能会减弱或消失,一些新的功能又会随着历史环境的变化而产生。

二、廊道遗产历史功能解析

1. 交通运输功能

廊道遗产既是遗产,同时又是一条交通走廊,故此名为廊道遗产。交通运输功能是廊道遗产的基本功能,它担负着人们交通出行和货物运输的任务。历史上,车队、马帮、驼队、船只日夜不停地通过交通廊道往返于城镇之间,促进了各个廊道遗产节点的物质和能量交换,改变着这些节点之间的力量强弱对比,从而影响着廊道遗产空间结构的变化和生命周期的演进。《思茅县志》记载:"解放前,境内所产茶、铜、银等特产运出,日用百货和山货的运输,均靠牛马驮运。光绪二十一年思茅被辟为陆路商埠后,牛马帮不断增加。到民国初年,商旅往来更加频繁,驮畜剧增……"这反映了茶马古道在现代化交通方式出现以前的交通运输状况。不过,这样的传统交通运输功能已经几近消失。还有的历史上的廊道遗产将交通运输功能延续到现代(如长江三峡),有的现代廊道遗产正是因交通运输功能而生(如青藏铁路)。总之,作为廊道遗产,其交通运输功能总是能够在它的历史和现实中体现。

2. 通商贸易功能

廊道遗产在历史上几乎均为商业要道,承担着区域间、国家间的贸易往来功能。《后汉书·西域传》中写道:"驰命走驿,不绝于时月;商胡贩客,日款于塞下。"这反映出当时丝绸之路上商贸频繁往来的热闹景象。唐代时也有记载:"东南郡邑,无不通水,天下货利,舟楫居多。"反映出大运河商路的繁忙,运河沿岸丰富的粮食、蚕桑、丝绸、水果、茶叶等物资和手工业制成品通过运河水路在市镇之间进行贩卖和交换。

《滇海虞衡志》中记载："普茶名重于天下,此滇之所认为产而资利赖者也,入山作茶者数十万人,茶客收于各处,每盈路,可谓大钱粮矣。"这可以看出,茶马古道上云南茶叶贸易的兴旺,而滇茶的外销目标正是藏地。

3. 文化交流功能

在商贸往来的同时,廊道遗产也促进了不同民族、不同地域、不同国家之间的文化交流,并产生了绚丽多彩的文化成果。音乐、舞蹈、杂技、饮食、服饰、语言、建筑、礼仪、节庆、习俗等在各民族交往过程中不断地碰撞、融合,激发了劳动人民的智慧和创造力,同时也为廊道遗产留下了大量人类文化艺术瑰宝。文化交流是一个持续不断的过程,只要廊道遗产存在,此项功能就存在,并随廊道遗产的兴衰而呈现出强弱态势。

4. 宗教传播功能

无论是世界性宗教,还是地方性宗教,它们的传播路径大多是沿着廊道遗产进行的。在中国目前典型廊道遗产沿线,均散布着众多宗教古迹和遗址,它们是历史上宗教传播与交流的见证,也成为构成廊道遗产系统的遗产单体。比如:丝绸之路沿线众多的石窟、庵院、名刹、古寺都是佛教沿丝绸之路传播留下的历史印记;茶马古道上遗留的佛教、苯教、东巴教等经卷、古籍、故事、建筑都体现了多种宗教的共存。

5. 军事战争通道功能

由于廊道遗产的道路通达性较强、中心城镇和人口主要分布于其沿线,所以在历史上一旦战争爆发,廊道遗产必然成为进攻和撤退的主要军事路线。占领廊道遗产上的中心城镇和控制主干廊道是战争中一方获得战略优势的体现。唐朝和吐蕃间的战争、成吉思汗统领蒙古大军的西进正是唐蕃古道、丝绸之路作为军事战争通道发挥作用的时刻。滇越铁路虽然不是军事战争的通道,但是在抗日战争时期,它成为抗战大后方运输量最大的一条生命线。国内很多高校、机关、工厂、研究单位及知名文化人士从北方到广州再经香港进入越南,然后沿着滇越铁路回到云南,在此延续中华文明的薪火。

6. 民族融合通道功能

体量庞大的廊道遗产跨越多个自然地理和文化单元,它们在发挥着商贸、文化、宗教交流功能的同时,也成为民族融合的大通道。各族人民通过交通廊道彼此往来,传递着物质文化和精神文明。乾隆《丽江府志略》记载:"么些,安分畏法,务耕种,畜牛羊,勤俭治生。今渐染华风,服食渐同汉制"。《中甸县志》也有记载:"伏居江曲之建塘(即中甸)地面,曾归木氏长期管理焉。么些屯兵亦有服藏人之服,语藏人之语,而强化于藏者。"这些史料表明,在茶马古道的历史上各民族相互学习、相互借鉴,将其他民族优秀的传统和先进的技术吸收为我所用,并将自己的文化精髓传递给其他民族供其吸取。在漫长的历史长河中,廊道遗产凝结了各民族的优势传统和文化精华,是多民族共同缔造的民族融合之路。

7. 人口迁移通道功能

廊道遗产的节点是人口聚居之地,廊道又是人们来往交通所依靠的主要线路,所以历史上人口迁移主要是沿着廊道遗产展开的。廊道遗产的走向和延伸度通常决定着人口迁移的方向和远近程度。在廊道遗产的兴盛时期,人口向廊道遗产沿线的中心城镇聚集,并在交通廊道上表现出客货流的频繁往来;而在廊道遗产的衰落时期,人口则向廊道遗产区域外城镇迁移,此时廊道也成为人口外迁的主要通道。

8. 城镇发展带动功能

因廊道遗产而出现或兴盛的城市(镇)在历史上有很多,比如:大运河沿线有北京、天津、沧州、德州、聊城、泰安、济宁、枣庄、徐州、宿迁、淮安、扬州、镇江、常州、无锡、苏州、嘉兴、湖州、杭州等。丝绸之路沿线有洛阳、西安、武威、张掖、西宁、敦煌、吐鲁番、哈密、乌鲁木齐、玉田、喀什,还有阿富汗、哈萨克斯坦、伊朗、伊拉克等中西亚国家及多个欧洲国家的城市。《西藏归程记》中记述了茶马古道沿线的"理塘、巴塘、道孚、炉霍等集镇也都因茶叶集市和转运而迅速兴起和繁荣。特别是察木多(今昌都)因其为川藏茶路与滇藏茶路的交汇处,又是川藏南、北两路入拉萨汇经之地,各地茶商云集,也迅速成为'口外一大都会也'"。同时在藏族杂曲"噶拉棱日纳"中也有这样的描述"察雅无城

已建城……; 昌都无城已建城……; 康定无城已建城……; 道乌无城已
建城……; 甘孜无城已建城……"。这说明察雅、昌都、康定、道乌、甘孜
包括云南的丽江、香格里拉等城镇实际上都是在茶马贸易的影响下兴
起的。这些城市的发展受益于廊道遗产的历史繁荣,它们直到今天或
是历史文化名城,或是政治经济中心,仍然在国家和国际舞台上发挥着
重要作用。

三、廊道遗产现实功能解析

1. 遗产保护功能

从廊道遗产的性质来看,它不仅本身是遗产,而且还是一个包括自
然遗产、文化遗产和非物质遗产在内的遗产体系。古城、古镇、古村、古
驿道、古运河、寺庙、石窟、墓葬、石刻、壁画、器皿、诗歌、传说、音乐、戏
曲、自然山川河流等都是构成廊道遗产体系的组成部分。对廊道遗产
的保护就是对整体遗产体系的保护。目前茶马古道、京杭大运河、丝绸
之路分别从区域、国家和国际三个不同的层面提出了遗产保护的愿景,
一些具体的保护措施已经开始落地实施。

2. 生态保护功能

廊道遗产连接着城市和乡村,连接着山脉、河流、沙漠、湿地、草原
和冰川,这些地区大部分属于生态环境脆弱地区,廊道遗产的保护不仅
要保护遗产资源不受破坏,还应当保护这些资源赖以生存的自然生态
环境不受破坏。对于以旅游开发为主的廊道遗产开发来说,更应注意
生态保护与旅游开发的两者协调。廊道遗产所在的区域多是生态敏感
区,旅游承载力有限,很多廊道遗产沿线的自然保护区和风景名胜区已
经设立了核心区、缓冲区和试验区,以对旅游开发和旅游活动进行不同
程度的限制,以达到生态保护的目的。

3. 区域合作功能

廊道遗产为沿线区行政区之间的合作起到纽带作用,而因廊道遗
产而进行的区域合作在当代更多地表现为旅游领域的合作。比如,共
同打造丝绸之路旅游线路是六省区打破省级行政区划束缚,进一步联
手协作、整合资源,实现区域旅游资源互补的契机。因丝绸之路开发而

形成的区域旅游合作有利于带动各省区旅游及相关产业进一步繁荣;有利于增强西北地区及其他旅游景区人民的经济收入;有利最大限度地解决富余劳动力的就业问题;有利于提高人口的整体素质;有利于资源的永续利用和社会的可持续发展。此外,几条典型廊道遗产陆续提出"申遗"目标,也是促成区域合作的动力之一。

4. 旅游功能

廊道遗产多数已经失去了往日交通、贸易、文化交流要道的历史功能,但作为曾经有过的辉煌,这些传统功能为廊道遗产留下了丰富的文化遗存,成为历史文化研究的宝库和天然的博物馆。宝贵的历史文化遗迹和人文景观是开发旅游的巨大财富和资源本底,是现代人进行旅游活动感受中华伟大文明的重要渠道。廊道遗产所蕴含的深刻的思想性、丰富的艺术性、震撼的观赏性都成为现代旅游业发展,特别是遗产旅游发展的重要驱动力量。

5. 平衡区域经济发展功能

除了京杭大运河以外,我国典型的廊道遗产都分布在西部地区。西部地区在我国当代经济格局中并不处于优势地位,其经济发展速度和发展规模总体落后于东部沿海地区。西部大开发战略是在我国社会经济发展存在东西部差距的历史条件下提出来的,也是协调东西部发展、促进西部地区经济和社会进步的重大举措。作为联系和协调西部各省区的纽带,丝绸之路、茶马古道、长江三峡、藏彝走廊、青藏铁路等廊道遗产面临着重要的发展机遇期。在国家政策和资金的大力支持下,廊道遗产在平衡东西部区域经济发展方面取得了一定的成绩,如促进西部省区国民经济快速增长,基础设施极大改善,优势特色产业初步形成,城乡环境明显改善等。

6. 改善欠发达地区民生功能

在我国,欠发达地区是指那些有一定经济实力和潜力,但与发达地区还有一定差距,生产力发展不平衡,科技水平不发达的区域,如我国的中西部地区,主要是少数民族地区和边疆地区。廊道遗产不仅跨越这些地区,而且将这些地区与相对发达的中东部省份和城市连接起来,从而有利于在它们之间形成资本、知识、技术、人才交流的通道。对廊道遗产的保护和旅游开发能够使发达地区的人们认识到欠发达地区的文化价值,同时唤醒欠发达地区居民的文化自觉意识和自豪感,有助于欠发达地区文化进步、生活环境美化和社会经济发展,提高欠发达地区居民的幸福感指数和物质生活水平,从而达到改善欠发达地区民生的目的。

7. 提升国家软实力功能

廊道遗产是民族身份和国家身份的象征,它饱含着无数杰出的人文创造,是历史优秀文化的交融。保护、构建、复兴廊道遗产对于当代中国来说是立足于时代高点推动文化的传承和创新,是解放和发展文化生产力,是历史辉煌再现和重塑当代震撼的载体,有利于民族团结和文化进步,有助于增强民族认同感和自豪感,是提升国家软实力的重要途径。

8. 维护国际和平功能

由于有的廊道遗产横跨多个国家,因此它们还具有促进地区与世界和平的功能。比如丝绸之路沿线虽然大部分地处内陆,交通落后,但地区幅员广袤,石油、天然气、矿产、农产品等自然资源非常丰富,人口众多,仅上海合作组织六个成员国就占欧亚大陆面积的3/5,人口占世界人口的1/4,是一个比较特殊的区域,自古以来就是东西方国家的一个必争之地。在全球自然资源,尤其能源越来越缺乏的今天,亚欧国家要复兴这条"经济脉络",联手建设这条廊道遗产,不仅能增进欧亚国家经济文化的交流和发展,同时也会促进世界各国的安定团结。

第六章 廊道遗产保护开发研究

第一节 当前遗产保护开发的若干问题

一、保护开发矛盾体

1. 保护与开发之争

遗产保护与开发似乎是一对矛盾体,这种矛盾在发展中国家显得尤为突出。遗产经济带来的巨大经济效益,既成为促进"申遗热"的重要动力,同时也对一些地方的遗产保护造成了负面影响,例如环境污染、生态破坏、传统文化丧失等。因此,对于遗产保护和发展关系问题,目前存在着两种极端的论点:一是"优先发展派",即遗产保护要向地方经济发展让步,这类观念主要为政治经济部门、经济界人士以及相当部分基层群众所持有;另一是"绝对保护派",即地方经济发展应向遗产保护让步,这类观念主要为文物界、文化界人士以及具有浓郁的地方文化心理的部分当地居民所持有。对于遗产保护与地方经济发展的关系,其正确理解是,两者应是相互依赖、相互协调、相互促成的。

2. 遗产原真性问题

遗产保护与开发在对待原真性这一问题时,必然导致两种截然不同的遗产发展方向,即:保护是对原真性的维系;开发是对原真性的改变。这里的维系和改变并无褒贬之义,只是描述两者对遗产原真性状态给予的外部作用。张朝枝在研究遗产原真性问题时,进行了非常有益的归纳总结。见表6-1。

表 6-1　遗产保护与开发视角下的原真性分析

比较内容	遗产保护	遗产旅游开发
学科背景	考古学、历史学	社会学、旅游学
起源	讨论文化遗产保护标准	讨论旅游者行为动机
关注焦点	如何保护、保护应执行何种标准	"真"、"假"对旅游体验的影响
发展过程	从强调物质遗产本身到强调物质遗产相关的非物质元素,从强调物质遗产的现状到强调物质遗产的时空演变过程,从物质之间的关系到强调物质与人的关系	从分析旅游者对客体的"真"、"假"辨别到讨论旅游客体"真"与"假"的构建模式,再到完全从旅游主体的"真"、"假"体验态度,然后发展到旅游主客体的互动构建模式
发展动力	各国遗产保护实践	对旅游现象的解释与解读
发展趋势	从文化遗产保护领域向自然遗产、非物质遗产领域扩散	从主体关注逐渐向主体与客体相互作用关注

资料来源:根据《旅游与遗产保护——基于案例的理论研究》(张朝枝著)修改和整理。

3. 旅游作为遗产保护的选择

旅游对于文化遗产保护的有效性是毋庸置疑的。首先,对供给者而言,因为发展旅游而从中获益,使遗产的主人看到自身文化的价值。因此,他们会在获取利益、稳定心态后,放慢追赶现代化的脚步,放弃破坏文化遗产的发展手段而逐渐转入到旅游产业上来。其次,对于需求者而言,其保护意识也因旅游而萌生。大多数世界文化遗产往往具有较高的旅游价值,许多旅游者慕名而来。直面文化遗产的旅游者,开始逐渐认识到文化遗产的价值,开始探究异域文化的内涵,并产生一定的文化保护意识。

4. 遗产破坏

遗产地的破坏包括自然破坏和人为破坏。前者主要是由天灾、自然风化和动物活动等造成,具有不可控性;后者由于人类的不当行为造成。随着遗产旅游的不断升温,对遗产的人为破坏也屡屡发生。人为破坏如:武当山遇真宫曾因员工用电不当引起大火,主殿被烧毁;由于文物保护意识和科学常识不足,发生了"水洗三孔"事件;由于游客攀爬石像、乱刻乱画等不文明行为对明孝陵造成严重的损害。自然破坏如:敦煌莫高窟旁大泉河的洪水对河流凹岸的冲刷淘蚀使崖体悬空,加上重力和地震,如果骤降暴雨,崖体上的卸荷裂隙,陕及上层洞穴,极易崩塌。北区原有壁画、塑像的不少洞窟,仅存残壁、断痕,岌岌可危。

二、文化传承

1. 开发对文化传承的正效应

将遗产视为文化资源并开发成文化旅游产品,可吸引成千上万游客源源不断地来到遗产地开展旅游活动。旅游业促进了当地经济的发展,改善了人民的生活条件。当地居民在享受旅游所带来的巨大利益的同时,也逐渐发现了自己传统文化的不可替代性,从而消除了过去面对所谓主流文化的文化自卑感,越来越加倍珍视自己的传统文化,由衷地产生了维护传统文化的责任心和使命感,保护传统文化的自觉意识不断增强。大量游客的进入带来了多方面的尤其是对当地民族传统文化的需求,使得许多濒临失传的传统精神文化和物质文化在旅游大潮的触动下得到当地政府、居民、企业、学界的重视,并融入旅游市场,得到了重构和新生。

2. 商业化导致遗产地文化变异

在纯粹经济利益的驱动下,我国许多著名的遗产旅游地,如古城古镇、帝王宫殿、名人陵寝、寺庙宫观的引景空间或内部被开发成了商业区,而且无一不是摊位林立、人声鼎沸、卫生堪虞,完全破坏了应有的遗产旅游文化氛围,使旅游质量大打折扣。适度的商业化可以在保证遗产地文化不受侵蚀的前提下使当地经济得到发展,而过度商业化则必然会导致遗产地文化的变异甚至沦丧,从而使遗产地失去其赖以生存的文化价值。文化如同灵魂,一旦失去再要复原十分困难。因此,在开发文化遗产、发展遗产旅游的今天一定要把持好遗产地的商业化程度,防止由过度商业化所带来的文化变异,从而延长遗产地的生命周期。

3. 游客示范效应对当地文化的影响

游客以其自身的意识和生活方式介入旅游地社会中,引起旅游地居民的思想变化,产生各种影响,这种作用称为示范效应。示范效应是旅游开发对遗产地社会发生影响的主要途径。Sharpley(1994)认为,目的地居民,尤其是年轻人,容易受到旅游者行为和消费方式的影响。如果目的地居民因此而得到激励,向旅游者学习以获得更高水平的教育,提高他们的生活水平,那么示范效应则发挥了优势作用。然而,大多数情况下,示范效应所带来的影响是不合意的。遗产地居民羡慕并追求游客的生活方式,他们开始购买奢侈品,青睐进口商品,生活上安于享乐,不愿意从事服务行业工作和体力劳动。过早地接受外来的价值观会给遗产地社会带来急剧的、分裂性的变化。新的社会矛盾会在遗产地居民之间产生,接受新的价值观的人群(通常是年轻人和从旅游开发中获得经济利益的当地人)与保持传统生活方式的人们形成了观念上的对立,进而影响遗产文化的保持和传承。

三、现代化进程

1. 现代科技在遗产保护中的应用

当前遗产保护事业的持续发展面临诸多挑战,推动遗产保护科技的进步,充分发挥科技现代化的支撑和引领作用,是实现遗产事业平衡快速发展的根本途径。遗产保护与现代科学技术的结合成为遗产可持续发展的时代主题。近年来,我国遗产保护科技进入了活跃时期,国家先后启动实施了一大批重点的科研项目,取得了一批具有自主知识产权的技术和关键技术研究成果。不论在考古研究、文物保护,还是在博物馆展示等方面都得到了广泛应用,若干制约文化遗产事业发展的问题得以解决。例如:数字技术的应用,有助于通过数字档案保存大量信息,记载遗产原貌,展示遗产独特魅力,反映其开发、利用、保护现状,为遗产维护、修复提供真实、详实的科学依据。敦煌在附近的沙丘上规划建立大型游客服务中心,利用"数字敦煌"技术,限制核心景区的客流量,减轻因参观者涌入造成的洞窟温度、湿度变化,避免石窟文物进一步损坏。"数字故宫"自 20 世纪 90 年代开始,尝试将文物、古建筑等资源,通过数字化采集、加工、存储方式建立信息系统。

2. 城市现代化对遗产的打击

中国城市现代化发展进程过程短、建设强度大,在一些地方,文化遗产保护和城市建设的矛盾相当突出。在城市的建设与扩展中,有的地方缺乏传承历史文化的意识，忽视漠视文化遗产的保护，主观武断地拆毁有历史价值的遗址，一些历史城市和街区也正在被庞大的新建筑群所取代，从而酿成对于城市文化遗产的极大破坏。当城市在建造机场、车站、地铁、体育馆、道路等大型工程中，由于发现文物不报告不停止施工保护现场，以至于使诸多地下文物惨遭破坏。例如：北京地铁四号线圆明园站施工破坏了 100 多米长的清代御路，首都机场三号航站楼和北京物流空港等工程在发现文物后仍强行施工毁坏文物，北京南站扩建、东直门交通枢纽、德内大街扩建、西直门交通枢纽、六里桥长途汽车站改造等工程都未进行文物勘探或发掘。

3. 现代生活方式的双重影响

现代生活方式对于遗产保护和开发具有双重影响。一方面，随着经济发展进程的加快和现代生活方式的变化，主要依靠口传心授方式传承的非物质文化遗产不断消失，世界各国都面临着传统技艺（非物质文化遗产）濒临消亡的困境。不仅如此，人们出行的交通选择、居住习惯的变化、社会交往方式的改变也影响到物质遗产（如建筑遗产）的存亡。另一方面，旅游作为现代人重要的生活方式，从一个侧面成为遗产保护与开发的动力。在大众的文化旅游需求和强大求知欲的作用之下，一些原本衰落或消失的文化遗产得到了修缮或重建，一些受到环境威胁的自然遗产也得到了更好的保护。

四、公众认知和参与

1. 公众认知与遗产保护

《2010 中国公众参与文化遗产保护意识及现状调查报告》显示，公众对文化遗产保护的认知虽然较之过去有所提升，但仍停留在较低水平。本次调查通过对全国城市的多段随机抽样，最终选取了吉林、江西、重庆、辽宁、内蒙古、广东、浙江、陕西、河南和北京 10 个省区市的 10 个城市，共完成 1634 个调查样本。调查内容包括公众对文化遗产保护的认识和文化遗产保护知识的掌握、公众的文化遗产保护行为、公众对政府相关部门工作的评价和博物馆免费开放的专题研究等。该调查发现，除了对文化遗产保护自身意义有了一定的认知，公众对其带来的如促进旅游业发展、提升地方文化氛围、丰富居民生活、提升政府形象、增加就业机会等连带效应也加以肯定;尤其是对旅游业的推动,得到了58.3%公众的肯定。但调查也显示,公众对文化遗产保护重要性的认知依然不足。在公众心中,文化遗产保护的地位远远不及环境保护,认同比例为17.1%∶57.6%。

2.公众态度影响遗产地可持续发展

旅游对遗产地社会文化所产生的负面影响,会导致这些地区的公众对旅游持有消极的态度,严重的甚至发展到对抗的程度。这势必会影响到遗产地的可持续发展。因此,有必要对遗产地开发造成的社会影响进行积极调控。随着遗产地旅游开发过程的不断深入,公众对待旅游业和旅游者的态度也在不断地变化,用来说明这一问题最常见的是Doxey(2000)的公众态度变化层次图。见图6-1。该图表示,随着旅游业发展的成熟和旅游者人数的增多,遗产地公众对待两者的态度呈现出线性变化,经历了欣喜、冷漠、厌烦、对抗和排外五个阶段。

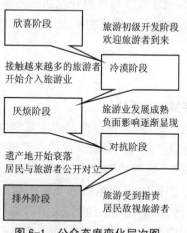

图6-1　公众态度变化层次图

公众对旅游所持有的消极态度会直接影响旅游者对遗产旅游地的评价,进而直接影响到遗产地游览的人数,从而影响到遗产地的生存与发展。当遗产地开始意识到问题的根源时,就会要求开发商在对遗产地进行规划时，考虑到旅游发展对当地社区造成的影响，从而事先采取各种措施以使旅游对当地社区的影响最小化、正面化。

3. 遗产地开发过程中的社区参与

Samuel V. Lankford 和 Dennis R. Howard（1994）指出，居民所感知的其对当地旅游发展的控制力，对居民的态度有很大的影响力。因此，旅游规划要强调社区的参与。 具体来说，社区参与主要有以下两层含义：一是社区参与旅游决策、管理。居民参与旅游开发决策，可以使居民在能否进行开发、如何进行开发等问题上，充分发表民意，从而保证了居民对旅游所持的积极配合态度。二是让居民从发展旅游中受益。居民承担了旅游开发及发展过程中的各种隐性成本，如环境、社会成本等。居民只承受发展旅游的各种代价，而不能享受发展旅游所带来的利益，这本身就是不合理的。在这种情况下，居民产生抵触情绪，甚至是对抗行为也就在情理之中了。因此，在遗产旅游地开发时应充分考虑当地社区的发展。首先，要适当给予居民一定经济利益作为对打扰其日常生活的补偿，或让其参与旅游开发活动并参与利益分配。其次，要使遗产地居民在物质方面获益的基础上，在精神上享受发展旅游所带来的好处。

五、管理体制

1. 多元化和多层次管理格局

我国目前的遗产管理，无论在遗产的宏观制度环境还是微观的管理形式上都没有形成一套与世界遗产保护要求相适应的管理体制。在我国长期以来形成的"条""块"结合的管理体制下，遗产的管理组织也呈现复杂的特征。中国的遗产地根据其资源状况分属建设、国土、林业、水利、环保、文物、文化、宗教、地质、旅游等部门管理，见表 6-2。有的地方还成立了相应的行政管理机构，如风景名胜区、国家森林公园、自然保护区管理委员会（或管理局）、文物管理委员会等。因此，在同一遗产地内，往往呈现出多元化和多层次的管理格局。由于机构重叠，管理分散，导致政出多门，行政效率低下，致使遗产地的管理难以实现理想化的管理目标。近年来，遗产旅游为遗产地带来了丰厚的收益，在看到可观的经济利益后,各个职能部门对其手中的权力进一步收紧,从而使得遗产地管理体制在合理化道路上遇到了更大的阻碍。

表 6-2　中国国家遗产体系及其主管政府部门

名称	国内主管部门
国家风景名胜区	国家建设部
国家自然遗产	国家建设部
国家地质公园	国家国土资源部
国家水利风景区	国家水利部
国家森林公园	国家林业局
中国历史文化名城 / 镇 / 村	国家建设部
国家自然保护区	国家环保部 / 国家林业局 / 中国科学院
国家湿地公园	国家林业局
国家城市湿地公园	国家建设部
国家重点文物保护单位	国家文物局
国家级生态功能保护区	国家环保部
国家非物质文化遗产	国家文化部
全国重点红色旅游资源	中共中央宣传部
世界文化与自然遗产	国家建设部 / 国家文物局
世界地质公园	国家国土资源部
人与生物圈保护区	国家环保部
世界非物质文化遗产	国家文化部

资料来源:《旅游与遗产保护——基于案例的理论研究》(张朝枝著)

2. 产权重叠与监督缺位

遗产资源的产权关系十分复杂。《中华人民共和国宪法》第九条规定:"矿藏、水流、森林、山岭、草原、荒地、滩涂等自然资源,都属于国家所有,即全民所有;由法律规定属于集体所有的森林和山岭、草原、荒地、滩涂除外。"《中华人民共和国文物保护法》规定:"中华人民共和国境内地下、内水和领海中遗存的一切文物，属于国家所有"，"古文化遗址、古墓葬、石窟寺属于国家所有"，"国家指定保护的纪念建筑物、古建筑、石刻、壁画、近代现代代表性建筑等不可移动文物，除国家另有规定的以外，属于国家所有"。但在遗产管理实际工作中，属于遗产资源的古镇古村、古民居等大部分属于私有产权；由国家划定的风景名胜区、世界遗产地内也有大面积的集体产权资源；即使是那些完全由国家所有的遗产资源也由于其委托代理人（政府主管部门）的重复设置，而出现产权重叠的现象。在我国社会普遍存在的制度性监督缺位情况下，遗产资源的产权所有者以谋求自身利益最大化为目标，不惜透支遗产以追求短期经济效益，进而对遗产资源造成破坏和浪费。

3. 法律法规成为遗产管理短板

城市化进程、环境污染、旅游活动对自然文化遗产构成了实质性的威胁，遗产的可持续发展面临着巨大挑战。针对这种情况，走法制化道路，加强自然文化遗产立法工作，以完善的法律规范约束政府的管理活动，规范企业的经营活动，制止各种破坏自然文化遗产的不法行为应该是当前最佳的选择。然而迄今为止，我国对自然文化遗产还没有正式立法，对自然文化遗产的规定分散在《世界文化遗产保护管理办法》《文物保护法》《风景名胜区管理条例》《自然保护区条例》和《森林公园管理办法》等法律法规中。虽然各省、市、自治区对遗产类资源在立法方面进行了各种尝试，如《云南省三江并流世界自然遗产地保护条例》《无锡市历史文化遗产保护条例》《西藏自治区布达拉宫保护管理办法》《四川省世界遗产管理条例》等，但国内遗产领域尚无统一的、具有最高法律效力的法律。法律法规相对于遗产事业和遗产旅游发展滞后性成为阻碍遗产管理高效运行的短板。

第二节　廊道遗产保护开发的基础理论与模型

一、地格理论是廊道遗产保护开发的基础

1. 历史叠加构建文脉

文脉一词是从英文的"context"译来的,"context"的原意为(文章中字、词、句等的)上下文;(事物)发生的环境、背景。在汉语中,"文"有文明、文化等意,"脉"有脉络、血脉、气脉等意。陈传康认为,所谓文脉是指旅游点所在地域的地理背景,包括地质、地貌、气候、土壤、水文等自然环境特征,也包括当地的历史、社会、经济、文化等人文地理特征,因而是一种综合性和地域性的自然地理基础,历史文化传统和社会心理积淀的四维时空组合。实际上这一概念已经涵盖了地脉,后来概念得到了分解,以旅游地资源属性及其周边环境因素为依据,将旅游地的自然构成因素称之为地脉,而将社会人文因素称之为文脉。文脉是指一个地域(国家、城市、风景区)的社会文化氛围和社会文化脉承,即社会人文脉络。

遗产资源是历史的遗存,它代表着一段历史时期的文化内涵,尤其是历史悠久的遗产,它们在各个不同的历史时期发挥着相同或者不同的历史作用,得到了深厚的文化积淀,廊道遗产是其中最为典型的一类。廊道遗产的时间跨度大,由于它以交通线路作为外在表现形式,因此在漫长的历史中其形态变化较为明显,很容易在交通发展中改道或废止,但作为概念上的廊道遗产,它将持续发挥着历史功能。每一段历史都会在廊道遗产的发展中留下烙印,或深或浅,而这些烙印主要靠廊道遗产沿线的单体遗产体现出来,同时还反映在廊道遗产沿线的建筑、宗教、语言、风俗等方面。历史的叠加构成了廊道遗产丰富而深厚的文化脉络。

2. 空间整合构建地脉

地脉是一个地域(国家、城市、风景区)的地理环境,即自然地理脉络,包括地理位置和自然环境。地理环境决定论主张地理环境在人类

社会生活和社会发展中起决定性作用,这一理论最早是 16 世纪法国思想家博丹所提出。1748 年法国启蒙思想家孟德斯鸠所著《论法的精神》一书中,系统地论述了"气候的本性"、"土地的本性"对国家的法律、社会制度和民族精神的决定作用。19 世纪,德国的拉采尔继承和发挥了上面二人的思想,进一步提出社会的发展和历史命运皆决定于地理环境的理论。

马克思主义哲学认为,地理环境决定论夸大地理环境对社会生活和社会发展的作用。地理环境是社会存在和发展的一个不可缺少的条件,但它对社会发展不起决定作用,它只能通过一定的生产方式,对社会发展起加速或延缓的作用。由此可见,地理环境或者地脉的作用还是不容忽视的。廊道遗产的地脉是沿线各区域自然地理特征的综合,要构建完整的廊道遗产,必然要发挥各个区域不同地脉的特点。山川的雄浑、河水的阴柔、草原的宽广、古道的深邃都通过廊道遗产串连起来,通过自然的过渡形成连续的、地域风格不同却有内在关联的遗产带。廊道遗产在地理空间上实现了各个区域自然资源的整合,地方性格完整、有序地表现出来。

3. 廊道遗产地格解析

人有人格,地有地格。地格是一个地方长期积累形成的自然与人文本质特征,这种本质特征决定了它的发展倾向于当地人的世界观。地格是地脉与文脉的有机合成。区分文脉与地脉是很有必要的,一种代表自然精神,一种代表人文精神。对于一个以自然为主宰的地区,如人迹罕至的北极、没有常住居民的国家公园或世界自然遗产地,其地格主要是由地脉构成;而对于一个完全的人造景观或事件或居民社区,则其地格主要由文脉构成。在以人类为中心的社会里,绝大多数地区的地格是地脉为形、文脉为魂的综合体。

廊道遗产作为多个区域地脉和文脉的综合体,其地格表现必然呈现出复杂性,对其研究解析主要通过地脉和文脉共同形成的文化景观来进行。见图 6-2。Sauer(1927)认为,文化景观就是某一文化群体利用自然景观的产物,文化是驱动力,自然景观是媒介,而文化景观是结果。 廊道遗产沿线的文化景观代表了廊道遗产的地格,它是廊道遗产沿线及辐射范围内人类文明的符号。

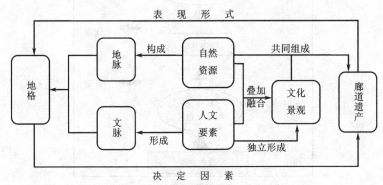

图 6-2　地格构成及其与廊道遗产的相互关系

　　廊道遗产开发是将这些文化符号展示给旅游者的过程。在这一过程中,旅游者感知了廊道遗产所蕴含的历史文化,使紧张的神经得到了松弛,同时旅游者的行为影响着当地人对本地文化的态度,影响着当地文化的自觉与变迁,也影响着廊道遗产的地格。廊道遗产地格的变化将体现在当地人的思想观念和行为方式上,最终潜移默化地改变着廊道遗产文化景观的解释与象征意义,同时也影响着廊道遗产文化景观的保护与再造。

二、ASES 模型与廊道遗产旅游开发

　　邹统钎教授根据国内外遗产旅游实践,提出遗产旅游发展的ASES 模型,认为遗产旅游发展的四要素是原真性(Authenticity)、舞台化(Stagedness)、体验(Experience)和可持续(Sustainability)。原真性是基础,舞台化是手段,通过舞台化的原真性为游客提供独特的遗产旅游体验,促进了遗产旅游的可持续发展。四者构成一个完整的有机体。见图 6-3。

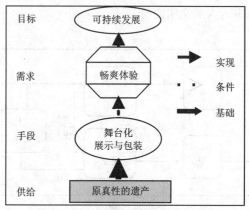

图 6-3 遗产旅游开发的 ASES 模型

1. 原真性是廊道遗产旅游开发的依托

要实现廊道遗产保护与旅游可持续发展必须坚持原真性原则。"原真性"要求遗产的载体与符号得到完整的传承与保留。"原真性"这个词最早起源于中世纪欧洲博物馆，20 世纪 60 年代，原真性引入文化遗产领域，1964 年的《威尼斯宪章》奠定了原真性对国际现代遗产保护的意义。文化遗产领域关于原真性的比较详细的解释见于 1994 年《关于原真性的奈良文件》第 13 款："要想多方位地评价文化遗产的原真性，其先决条件是认识和理解遗产产生时及其随后形成的特征，以及这些特征的意义和信息来源。原真性包括：遗产的形式与设计、材料与实地、利用与影响、传统与技术、位置与环境、精神与感受。"

廊道遗产的原真性要求要高于一般遗产。一般遗产通常只反映一段历史剖面，只是对所在地和周围区域某一方面文化的浓缩；而廊道遗产时间和空间维度巨大，它在相当长的历史过程中，对沿线区域不同民族、不同文化持续地产生影响，并体现着多元文化演绎的现代成果。其中丝绸之路最为明显，时间跨越 2000 多年，不同时期遗产在此积淀；空间上横跨欧亚大陆，串连起亚洲文明和欧洲文明，佛教文化、儒文化、道文化、伊斯兰教文化、基督教、天主教、东正教文化，以及各种土著文化在丝绸之路上传播着各自的文化精神，遗留下无数的物质和非物质遗产。

对廊道遗产原真性保护分为三个层次，即：物质层次、知识层次、精神价值与社会功能层次。精神价值与社会功能层次是廊道遗产保护最高目标，它是物质层次和知识层次的升华。廊道遗产通常与若干历史上重大的政治事件、军事事件、社会事件、经济事件相关联，它们作为历史文化符号和国家、民族象征，对其原真性的保护应该考虑到廊道遗产的"时变性"和"多样性"，综合谨慎地运用维护、修复、重建等方法。对于跨文化区域的廊道遗产来说，维护其原真性其实就等于保护了廊道遗产的文化多样性。

2. 舞台化是廊道遗产旅游开发的过程

廊道遗产从形式上表现为路径和遗产地的有机结合，廊道遗产舞台化其实是廊道沿线单体遗产的舞台化。舞台化是将遗产展示的方式，是遗产衍生旅游产品的手段。为了让人们体验遗产价值，需要对遗产进行舞台化展示，但为了保护遗产，人们往往不是直接对遗产进行开发，而是以遗产为依托，通过舞台化的展示把遗产复制出来。尤其是非物质遗产，更需要遗产的舞台化展示。舞台化过程根据游客的需求对遗产资源进行了提炼筛选与改造，因此往往不是完全真实的，增加了舞台化过程的主控者的意志。

MacCannell 于 1973 年首先提出了"舞台化真实"的概念，即根据游客的需求对真实的自然与文化而做相应的改进。 他指出，从某种意义上讲，这样的改进改变了传统文化的本来面目，游客追求的是文化的原真性，而目的地居民提供给游客的是舞台化的真实。而 Crick（1989）认为舞台化的真实就是不真实，他指出，文化被舞台化本身就是一种不真实的表现，因为文化被创造、被重塑；因素被重新组织。

Robert 和 Erin（2003）认为，舞台化的原因有两个，一是文化从原生地向移入地转移时进行的替代，二是文化为了适应新的时空环境而进行舞台化的改变。人们在世界范围内迁移，他们的文化始终伴随着他们，然而原有的文化会随着时间的流逝而改变。舞台化不等于虚假，因为它饱含了原始文化的要素。 遗产的舞台化，尤其是民族文化类遗产资源的舞台化，是传承与保护文化遗产的手段之一，在避免文化同化、商品化、庸俗化的同时,利用舞台化展现民族传统文化、讲述历史故事,不失为一种有效的方法。廊道遗产舞台化是以原真性为基础的,并成为人们体验遗产魅力的手段。

3.体验是为游客创造旅游产品

廊道遗产不是一条或一组冷冰冰的道路,而是一本色彩鲜活的百科全书。廊道遗产蕴含着极其深厚的历史、科学、美学价值,在这些"本征价值"的基础上会产生廊道遗产的使用价值,教育功能、政治功能、经济功能等,使用价值的实现过程就是廊道遗产的价值增值过程。使用价值的实现依靠人们体验去完成。

原真性和舞台化从遗产旅游供给的角度对遗产特征进行分析,而体验则是从需求角度出发,研究文化遗产旅游和游客感知的关系。Dallen(1997)指出,尽管旅游者和遗产地之间并没有太多的联系,但他们还是乐于在遗产旅游中获得体验。 Alison 和 Richard(1997)认为,游客访问遗产地所获得的体验是双重的,一方面学到了知识、体验了当地的传统文化;另一方面在精神上获得了极大的愉悦。 原真性的廊道遗产和舞台化的廊道遗产都能够为游客提供体验,而且体验已经超越了 Alison 和 Richard 认为的体验双重性,至少人们还能够从廊道遗产的剧烈震撼中体会到强烈的民族感情,感悟出伟大的民族精神。Samuel(1994)指出,游客在进行遗产旅游时,主要目的并不是寻找科学的、历史的证据,他们一来对历史的本来面目感兴趣,更重要的是他们希望寻求对遗产的体验。

4.可持续发展是廊道遗产旅游开发的目标

根据联合国开发署的定义,"可持续"指"能够维持一定比率或水平","发展"指"一个地区或一个人群,特别是指目前欠发达地区的经济进步"。可持续旅游概念的提出直接受可持续理论的影响,世界旅游组织给出的定义是:旨在维持文化完整、保持生态环境的同时,满足人们对经济、社会和审美的要求。它能为今天的主人和客人们提供生计,又能保护和增进后代人的利益并为其提供同样的机会。

Hilary(2001)认为,在理想情况下,文化遗产旅游应该为遗产地带来经济上的收益,同时为其保护文化遗产和保持传统习俗增加动力。

Anne(1996)认为,由于旅游业的创收功能,以及它能够引起全世界对遗产的关注,所以旅游对世界遗产的可持续发展来说具有积极的意义。 对此持不同意见的学者认为,旅游业的发展不利于遗产的保护和可持续发展,它破坏了遗产存在的环境,对遗产的原真性和完整性造成了威胁。就可持续性和遗产保护的关系而言,Rodwell(2003)指出,两者的关系是互补的,它涉及持续不断的供给、对遗产完整性的最小干预和建设性的发展三个方面。

廊道遗产保护性开发最终要达到的目标就是可持续发展,一方面是多元文化的可持续;另一方面是地方经济发展的可持续。文化的可持续是各种文化保持各自传统和异质性,防止非主流文化受到侵蚀甚至消亡,在全球化背景下为世界增添多样的色彩;经济可持续首先要缩小地区间的经济差异,这是廊道遗产跨区域分布特征的功能体现,只有缩小差距共同发展,才能真正实现经济可持续发展的目标,人民幸福指数才能提高。

三、CBD 理论与廊道遗产旅游开发

社区主导开发模式(Community-Based Development 或 CBD)是与企业主控开发(Company-Dominated Development 或 CDD)模式相对应的一种发展模式,见图6-4。企业主控开发模式强调企业对旅游开发具有绝对的控制权,企业决定开发的方向与方式,往往采取大规模市场化的飞地型开发方式,主要的利益与利润流出社区,企业像吸管一般把利润吸走,地方受益较少。CBD 模式的核心理念就是本地化(Localization),强调的是地方社区控制,其中包括产业链的本地化、经营者的共生化与决策权的民主化。

廊道遗产空间范围大,社区主导开发模式主要表现在每个地域节点上。一条廊道或是一个廊道网络中的每个单体遗产所在的区域就是一个地域节点,它们的发展直接影响到廊道遗产整体的良性开发和原真保护。廊道遗产地域节点可能是城市,也可能是乡村。城市是一个区域的中心,作为人口的集中地,是物质、能量、信息交流与转化的场所,它辐射到周围的乡村地区,带动乡村地区的发展,形成极核式空间

结构。这些结点作为增长极需要从周边获得资源要素，并给周边带去新的信息、观念，随着彼此联系加深，它们中间会形成各种交通线、通讯线、动力线，刺激沿线地区发展，进而形成点轴式空间结构。这种情况继续向更高级化发展，使廊道遗产结点、线路和周边辐射地区会形成区域的网络空间结构，从而完成廊道遗产整体性的自然演化过程。通常廊道遗产沿线乡村地区较多，廊道遗产促进当地社区发展的作用主要从这些相对落后或欠发达地区体现。

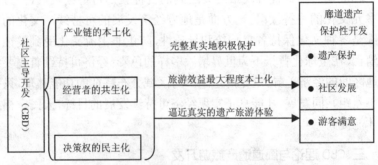

图6-4　社区主导（CBD）的廊道遗产开发模式

1. 产业链本土化

以遗产为依托的景区，它的产业链本土化是利用本地资源包括原材料和人力资源等，以旅游业为龙头优化配置相关产业，在本地生产和销售产品，形成完整的产业链，最大限度地使旅游收益留在本地，可以最大限度地降低成本提高效益。

廊道遗产严格地说不是一个景区，在地理空间上廊道遗产表现为若干个聚落型遗产的线性或网络状的集合，每一个聚落型遗产在旅游开发时，产业链的本土化对地方的经济发展与社会进步有重大作用。遗产景区是龙头，它会引发配套旅游产业围绕旅游景区布局。一个大的遗产旅游景区，必然引发许多餐馆、商店、宾馆、娱乐中心等在附近落脚，大多数是产业链本土化的产物。

廊道遗产产业链本土化还有与一般遗产景区不同的特性，那就是城乡互动、区域联合。一个地域节点是由一个中心城市（城镇）和周边乡村组成的,它们依靠交通和信息网络完成人员、资源、资本、商品的空间位移,实现地域节点内的产业链本土化。同时,作为廊道遗产的组成部分,又依托廊道与其他地域节点在空间上连接起来,形成资源优势互补、客源信息共享的产业链"区域化"格局。比如:丽江大研古镇作为茶马古道重镇,它的发展带动了周边束河、白沙、桥头,以及更远处大具村的发展,由于滇西北交通不是十分便利,所以其人员、资源、商品的引入需要花费较大成本,这促使了丽江地区产业链本土化的形成。同样,丽江西南方向的大理和西北方向的香格里拉都在各自区域实现了不同程度的产业链本土化,它们在地域上相连接,形成滇西北地区产业链本土化的"区域"发展格局。

2. 经营者共生化

为解释经营者共生化这个问题,首先应该明确遗产能不能经营?遗产地该不该有经营者?

遗产属于国家或全体国民所有,如国家公园、名胜古迹、国家收藏等。跨区域或跨国界的廊道遗产是全人类的共同遗产,它属于全人类共同所有。在国家主权和国家利益至上的当代国际社会中,廊道遗产的"公有物品"性质决定其提供者和管理者应该是廊道遗产所在国,而对其进行经营也应该由所在国政府进行国有化经营。这是遗产领域传统上一直秉承的非营利体制的表现。

经营者共生化的前提首先是有经营者的存在。遗产事业的两种使命"保护"和"展示"均为非商业性质,因此"经营"一词对于作为非营利机构的遗产单位来说,是竭力避免的。然而,在现代遗产事业中,这一状况正在改变,经营正在成为遗产管理的主要内容之一。发达国家遗产管理制度改革重点就是突破轻视和忽视公众文化消费需求的职能,突破不讲效益与市场脱节的管理方法。西方学者为现代遗产管理引入了"遗产产业"的概念。中国在向市场经济转型过程中,遗产领域也涉及经营权转让的问题。

笔者认为,廊道遗产及其沿线单体遗产应该在国家牢牢把握所有权的基础上,适当地将遗产地非核心区域进行规划,增加当地人和外来者经营的商业功能,实现二者共生;在不危害遗产可持续发展的同时,为遗产教育和经济功能的体现创造条件，为遗产的保护筹集资金，并促进社区的进步、经济的发展和人民生活的改善。

共生的方式可以为两种：一种是分工共生，即在发展廊道遗产过程中，外来经营者和本地经营者通过提供不同等级和类别的旅游产品吸引不同的旅游市场，互相依存，避免了同质化的恶性竞争，共同促进廊道遗产旅游可持续发展；另一种是合作共生，城里企业与地方合资合作开发乡村旅游，利益共享。对廊道遗产地来说，分工共生比合作共生更具生命力，外来经营者经营投资大的高档餐饮与娱乐项目，其他业务由本地经营者经营。外来经营者与本地经营者分别构成旅游产业链的不同环节，从而形成一种本地经营者和外来经营者互惠双赢的安排。

3. 决策权民主化

随着我国民主进程的加快，公民参与国家事务的倾向越发明显，当民众对某一事件观点态度趋向一致时，就会形成强大的社会舆论，引起政府的关注，或通过法定程序途径，以民主集中的方式让决策层了解民众诉求，从而影响领导人态度，使政府做出符合民众意愿的决定。这是决策权民主化在我国现阶段的表现形式，是一种有限民主化。与有限民主化对应的是绝对民主化，可以说绝对的民主化只是一种理想模式，在国际政治和各国国内政治中都是不存在的。

在我国旅游景区发展过程中，决策权的民主化主要是保障旅游开发的方向符合社区全体居民的主要意志，保障旅游开发的利益公平地分配给每个社区居民。从而调动全体社区居民积极参与遗产保护与旅游开发。遗产资源的公有属性决定了公众有权力参与到它的保护与开发决策中来，为形成统一意见和执行的顺利，政府在广泛听取人民意见的基础上，以社会效益最大化为目标，代表人民行使遗产管理、保护与开发的权力。

不同类型的遗产地，其决策权民主化程度是不同的。一般来说，地域范围越广的遗产地决策权民主化程度越低；遗产资源越珍贵、越稀缺的遗产地决策权民主化程度越低。反之则反是。比如廊道遗产，体量庞大，通常跨越国内多个行政区划或跨国界分布，对其保护与开发需要省际甚至国际间协调，沿线民众的利益各异很难统一，即使能够统一也要为统一意见花费巨大的行政成本,会造成不经济现象出现,整体降低社会效益。在我国这种情况尤其突出,这就需要由人民代表组成的代表大会代表广大民众做出对大多数人有利的、对子孙后代负责的公共决策。

四、嵌套式三角模型与廊道遗产保护

廊道遗产由于其体量大、包括的单体遗产多、跨区域分布等特征,使对其保护具有相当的难度。廊道遗产的保护是廊道遗产旅游可持续发展的命脉,合理开发与保护廊道遗产是促进廊道遗产旅游可持续发展的动力,研究廊道遗产的保护模式是我国廊道遗产旅游理论与实践的需要。见图6-5。

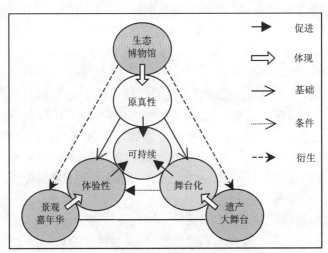

图6-5　廊道遗产保护嵌套式三角模型

我国的廊道遗产通常绵延数千里,在其沿线既有繁华的大城市,也有广大的乡村地区,还有生态十分脆弱的山林、湿地、草原、河湖,这些文化与自然资源都是廊道遗产旅游的依托,离开它们廊道遗产也将不复存在。因此,对廊道遗产的保护首先要注重对沿线生态环境的保护,在借鉴国外民族地区原生态与文化多样性保护模式的基础上,1997

年,在贵州省筹建了我国最早的生态博物馆,如今生态博物馆已经成为文化景观保护与发展的有效模式,对于廊道遗产的保护也具有十分重要的指导意义。此外,笔者在生态博物馆模式的基础上提出"遗产大舞台"模式和"景观嘉年华"模式,它们作为衍生模式与"生态博物馆"模式共同构成一个完整廊道遗产旅游资源保护的模式体系。此三者分别对应于廊道遗产的原真性、舞台化、体验性,从供需两个层面促进廊道遗产旅游的可持续发展。

1. 生态博物馆模式

（1）生态博物馆的由来

1971 年,国际博物馆协会第九次大会第一次提出生态博物馆的概念,之后世界上诞生了以法国"克勒索蒙特索矿区生态博物馆"为代表的第一批生态博物馆。传统的博物馆是静态的,将收藏品摆放在房间里,供专家研究和普通人参观。而生态博物馆超出了这个界限,强调社区本身就是被保护的对象,它要求里面的每个人都要小心保护文化遗产。

目前,生态博物馆已经成为世界流行的对文化遗产进行保护的一种特殊形式,全球已有各类生态博物馆 300 多座。1998 年,中国首个生态博物馆在贵州六枝特区梭嘎乡建成。到 2005 年,我国已有 11 个生态博物馆,分布在贵州、云南、广西和内蒙古等地区,保护着苗族、瑶族、蒙古族等民族丰富多彩的文化遗产与其生存的自然环境。

（2）生态博物馆的定义

生态博物馆是人类和自然的一种表现,它将人类置于其周围的自然环境中,用野生、原始来描绘自然,但又被传统的和工业化的社会按照其自身的设想加以改造。1981 年法国政府对生态博物馆颁布了官方定义:"它是一个文化机构,这个机构以一种永久的方式,在一块特定的土地上,伴随着人们的参与,保证研究、保护和陈列的功能,强调自然和文化遗产的整体,以展现其有代表性的某个领域及继承下来的生活方式。"1985 年国际博物馆协会自然历史博物馆委员会的定义为:"生态博物馆是这样一个机构,通过科学的、教育的或者一般来说的文化的方式,来管理、研究和开发一个特定社区的包括整个的自然环境和文化环境的整个传统。"

（3）生态博物馆的理念

生态博物馆是以人为本的活态的博物馆。它不是普通的博物馆，是一个社区，聚居者具备共同的语言、服饰、建筑、文化心理素质等。与传统博物馆相比，生态博物馆将文化遗产就地整体保护利用，突破传统博物馆藏品和建筑的概念，注重文化传承，即文化遗产在未来的延续和发展；不是将文化冻结，而是将保护范围扩大到文化遗产留存的区域，引入社区居民参与管理，强调社区居民是文化的主人。

（4）廊道遗产保护生态博物馆模式

生态博物馆是人与自然融合的产物，它并没有统一的、固定的模式，我们将保护地域文化和原生态的一系列做法和途径统称为生态博物馆模式。它是廊道遗产的一种表现形式，同时生态博物馆也是廊道遗产保护的有效途径。

廊道遗产沿线绝大部分地区属于乡村地区，乡村旅游加快了乡村的现代化进程，使很多村落在改造中瞬间就失去了千百年来关于生态环境与人文历史的积淀成果。生态博物馆是以社区为依托，以就地保护的方式进行原生态状况下的"活态文化遗产"的保护和展示。这种保护模式要求在观念上树立"历史很重要与差异很重要"的理念，恪守真实性、完整性与多样性原则，保持原初的设计特色和环境条件，关注视觉质量和美学体验，重视生态健康，持久性和可持续性，公众理解、支持与公共安全。在开发上，"小规模"、"渐进式"发展是乡村旅游资源可持续发展的关键。通过挖掘地方精神与地方感让居民获得自豪感与认同感，让游客获得差异文化体验。

2. 遗产大舞台模式

舞台化与原真性联系紧密，MacCannell 于 1973 年首先提出了"舞台化真实"的概念，即根据游客的需求对真实的自然与文化而做相应的改进。他指出，从某种意义上讲，这样的改进改变了传统文化的本来面目，游客追求的是文化的原真性，而目的地居民提供给游客的是舞台化的真实。

贵州生态博物馆实施小组组长胡朝相认为，在改善寨民的生活生产环境后,可以以艺术团的形式,将商业演出与他们的生活剥离开。白天寨民各自生产生活,来访者可以看一看他们的建筑,他们的婚丧嫁娶,参观怎样纺布刺绣。晚上观看艺术团演出,这个演出则是要售票的。演员在长角苗族里筛选训练,当然表演形式要经过一些提炼加工。这就是所谓的非物质文化遗产大舞台,廊道遗产沿线有着丰富的非物质文化遗产,对其保护也应当能够从该模式中得到借鉴。

生态博物馆保护了廊道遗产的原真性和完整性,沿线社区的自然发展没有被冻结,居民们可以决定他们自己的生活方式。为了不使廊道遗产沿线乡村独特的文化景观因村落融入主流文化而遗失殆尽,就要帮助生活在那里的人们在温饱的基础上,利用自己的传统文化和生活方式,作为廊道遗产旅游的吸引物。在生态博物馆之外搭建遗产大舞台,以舞台化的真实向游客展示传统工艺、表演艺术和民族风情,满足游客追求的旅游体验,使当地人从旅游的发展中获得文化自觉和经济利益。只有这样,才能够实现廊道遗产保护与利用的有机结合,既保护了原始生态和地域文化,又促进了沿线地区(尤其是落后的乡村地区)的发展;既满足了游客的需求,又实现了社区居民发展。

3. 景观嘉年华模式

嘉年华是英文单词 Carnival 的中文译音,英语 Carnival 的最初译名是"狂欢节",嘉年华是香港人对狂欢节的意译。现在嘉年华的概念变得有些泛化:许多活动都被冠以嘉年华字眼,环球嘉年华、汽车嘉年华、房产嘉年华、手机嘉年华等。对"嘉年华"概念的泛化使用,正谙合了嘉年华会的精神实质——"人们载歌载舞,举行各种狂欢活动,平等、接近,谁也不再在乎彼此真实的身份,而只追求那一刻时光里的快乐美好。"

嘉年华强调的是巡回性、多元性、自主性、互动性,在嘉年华的世界里,人们不会追根溯源,不会计较移植照搬,在这里"变迁有理,造假无罪",一切只为了游客获得"畅爽"的极度旅游体验。

我国廊道遗产跨度广,沿线地区文化景观众多,它们虽具有遗产性,但价值高低迥异,对各类文化景观进行全面的保护是不现实的。在廊道遗产旅游发展过程中,应该按照"高低有别"的原则,对价值较高的稀有景观应该进行妥善的保护和适度的利用;对那些价值一般的文化景观则可以加大开发力度,或是模仿高价值的文化景观进行再造,创造未来的景观遗产,为后代人留下当代人的印迹,为保持景观遗产的连续性做出贡献。

景观嘉年华模式就是要把属于某一地域的文化景观,包括物质文化景观和非物质文化景观,移植到新的环境中,并与其他移植来的文化景观构成一个欢乐的剧场。游客在这里可以尽情地享受多元文化的交融,每一个人都成为剧场中的演员,为他人进行着演出。这里文化景观的原真性得不到体现,而体验性得到了突出。通过对移植来的文化景观的体验,游客可以感受到遥远的文化魅力,提升他们对陌生文化的认知,唤醒人们对廊道遗产文化景观的保护意识。

通过景观嘉年华模式,人们对异域文化和文化景观有了一定的认识和了解,而后他们会产生一种"一睹真容"的旅游欲望。当这些游客到来时,再为他们展示处于保护状态下的"生态博物馆",再为他们提供"遗产大舞台"式的表演,使游客在感受到文化景观真实性的同时受到教育和启迪,进而促进了对廊道遗产旅游资源全方位的保护和利用。

第三节　基于时空演变的廊道遗产保护开发逻辑选择

廊道遗产在不同的历史时期发挥着不一样的功能,在某一时期所承载的功能决定了此时此刻廊道遗产保护与开发的战略方向和实施路径。廊道遗产的空间连续性和时间断续性共同强调了廊道遗产保护开发过程中应当遵循的时空观。从时空演变的视角来看,每一条廊道遗产的具体演化路径和形态都是不同的,其所担当的历史使命也是不同的。所以,廊道遗产保护与开发并没有放之四海而皆准的方案,应该因地制宜。任何历史经验和"他山之石"只可作为参考和借鉴,不可成为指导廊道遗产发展的唯一真理,否则极容易走进保护开发的误区当中。

一、保护开发依据:是历史功能,还是当代价值?

鉴于上文所述,廊道遗产由于时空演变所致,其历史和当代的功能价值不尽相同,甚至迥然相异,因此对廊道遗产的保护与开发到底是应当以历史功能作为依据去还原历史? 还是应当以现实价值为依据去服务现代?

本书认为:在廊道遗产保护开发过程中,虽然应当通过挖掘历史文化还原历史风貌,但是发挥其现实价值以服务于当代社会是廊道遗产保护开发的根本依据。

比如,作为当代人留给后人的遗产青藏铁路来说,它没有悠久的历史,目前主要承担着两项重要的使命,一是客货交通运输,二是与人的移动密切相关的文化交流和观光旅游。如此,对青藏铁路的保护应当在对铁路设施进行日常维护的基础上,保护铁路沿线的自然生态环境、野生动植物资源以及人类文化景观;而对其开发则应当在保护的前提下,以服务当地人和旅游者为目的,有序有度地对青藏铁路沿线自然和文化资源加以利用。

再以京杭大运河举例,大运河历史上担负着南北方商贸、人员往来和文化交流的重要使命,也是一大批运河城市繁荣的根基。然而,面对今天现代化的交通运输方式,大运河传统的交通功能几乎已经不复存在。即使部分地恢复大运河的通航能力,对于社会发展的作用也是微乎其微。在对京杭大运河的保护开发之前,首先要清楚地把握大运河的当代价值和功能。近年来,我国东部城市群的发展十分迅速,京津唐、山东半岛、长三角三大城市群在发展中地域性明显,区域合作基点不足。大运河的复兴使其成为沟通三大城市群的纽带,深厚的历史渊源、景观美化的资源基础、共同的旅游开发主题和强烈的认同感是大运河保护开发的重要理由。从社会功能来看,大运河贯通了南北五大水系,也因此成为中国南水北调东线工程的主要渠道。

二、保护开发内容:是整体空间,还是完整历史?

从空间来看,廊道遗产虽然是连续不断的,但是经过漫长的历史演化,其空间格局却发生了较大的变化。一些曾经繁盛一时的历史城镇衰落或消失,只留下了古城遗址;一些过去车水马龙的古道不复存在,只在地图上为学者们留下了研究的轨迹。保护开发廊道遗产是否要还原历史去恢复或重建这些古城故道? 还是挖掘历史从文脉而非地脉的角度去构建廊道遗产的历史文化脉络?

本书认为:对廊道遗产保护开发,可能会涉及一些古城故道的恢复和重建,但这绝不是根本的目的,只是展示和解说历史的需要,归根结底,保护的是廊道遗产的历史文化,而开发的是廊道遗产的文化主题。

这样可以帮助我们走出一个误区,即:廊道遗产的整体保护就是要从跨区域的空间尺度出发,保护廊道遗产沿线的所有城镇、道路、桥梁、以及文化资源。诚然,一些对于历史来说重要的建筑物和文化资源应当加以保护和恢复,但绝不是全部。同样,开发廊道遗产资源也不是将所有沿线资源逐一开发,而是将某一条廊道遗产作为一个整体性的概念进行打造,以一个共同的主题进行包装设计和宣传营销。

以丝绸之路为例进行简要说明。丝绸之路深厚的文脉和多样的地脉共同构筑了现如今丰富的旅游资源。丝绸之路沿线旅游资源类型全、等级高,它们与丝路构成了世界上最庞大的遗产体系。从遗产等级上看,丝路遗产有的属于世界级遗产,有的属于国家级遗产;从遗产类别来看,有地质公园、文物保护单位、风景名胜区、历史文化名城等。但是,对于丝绸之路廊道遗产的保护开发,并非要恢复和保护其沿线的每一个单体遗产,如石窟、寺庙、岩画、古墓、故城等。再具体来说,如楼兰就没有恢复的必要。我们要做的是将丝绸之路的完整历史通过现有的遗产尽可能完整地展示出来,在丝绸之路沿线形成具有共同丝路主题却又拥有不同特色的遗产链条。

三、保护开发实施:是战略导向,还是战术导向?

任何一件事情的成败首先取决于战略是否得当,因为战略是对全局性、高层次的重大问题进行的筹划与指导。如要获得成功,在战略得当的前提下,还要应用合理的战术作为行动保证。那么,就廊道遗产的保护与开发来说,应当是重视战略层面问题,还是战术层面问题呢?

　　本书认为：对廊道遗产的保护和开发应当是战略和战术的结合，不可有失偏颇，重一者而轻另一者。

　　从战略角度来说，廊道遗产对于当今中国的政治、经济、文化发展将起到重要作用，它关系到国家政治稳定、民族团结、地区之间经济协调发展、文化进步、国家意识和民族自豪感增强、国家软实力提升等一系列关乎国富民强的重大问题。对其保护开发也应当站在全局的高度进行审视，从时间和空间两个维度对廊道遗产进行解析，挖掘有利于时代进步的因子，给予战略性诠释，并辅以战术组合加以具体实施。

　　只有高屋建瓴的战略并不足以促成一件事情的成功，具体的、可操作的、有针对性的战术组合是确保战略得以实施、事情最终成功的关键要素。确定廊道遗产保护开发的战术组合，即实施路径，是非常重要的环节。

第四节　廊道遗产保护开发的实施路径

一、廊道遗产不同要素的保护开发

1. 廊道遗产空间节点开发

　　廊道遗产旅游资源与一般旅游资源在基于社区开发方面最大的不同点在于：廊道遗产的 CBD 开发模式在每个节点社区自主开发之前有统筹规划，在每个节点社区开发之后，又将各个节点依靠廊道形成的供给线、交通线、动力线连成一体，使各个地区之间相互依存、连动发展。下面就新疆历史古城镇体系开发进行分析。

　　中国历史上的西域，小国林立，曾经盛极一时。如今以喀什为代表的古城开发为新疆旅游业的发展带来了机遇，浓郁的民族风情、异域的建筑风格、神秘的历史文化对游客产生巨大吸引力。疏勒、龟兹、焉耆、乌孙、于田，这些古城如今已经演变成丝绸之路上重要的城市。这些城市都有一个共同特点，即小城市、大乡村的城乡结构，因此在对其进行旅游资源开发时，宜遵循基于社区发展 CBD 开发理论和统筹规划、各自开发、关联互动的原则。

　　CBD 理论要求产业链本土化、经营者共生化和决策权民主化。古城开发利用本地资源包括原材料和人力资源,以旅游业为龙头优化配置相关产业,实现本地化的旅游产品生产和销售,形成完整的旅游产业链,最大限度地使旅游收益留在本地。外来投资与本地居民经营应当和谐共生,外来者投资于大手笔项目,本地经营者参与其他项目经营,两者实现分工,确保当地居民的利益。对于涉及古城改造、搬迁等事关当地居民切身利益的重大决策,当地政府应充分听取民意,做出民主化决策。

　　在古城镇体系建设方面,事先应当制定丝绸之路古城体系规划,既要体现出丝绸之路整体的文化风格,又要各自表现出独特的人文底蕴。丝绸之路古城镇体系是依靠廊道遗产串连起来的,是一个有机的整体,而不是一般的城市(镇)群。廊道如同连通各个器官的神经和血管,输送着资本、信息、人员,使各部分联成一体。最终,在每一个 CBD 社区开发旅游地之外,形成一个范围更广大、功能更全面的 CBD 圈层。

2. 廊道遗产环境要素保护

(1)生态型的"静态"保护

　　石窟、寺庙、岩画、古墓、故城等文化遗产,适用于生态型的"静态"保护模式,保护遗产的原真性和文物价值,保护周边自然生态环境。如:建立自然保护区,将属于区域内岩画、寺庙等纳入自然生态保护区的保护内容之中;或建立岩画博物馆,一方面可作为岩画研究、人员培训的中心和基地,开展岩画的有关专业研究和岩画的管理与保护研究;另一方面也是宣传岩画,传播岩画知识的窗口。

(2)舞台化的"动态"保护

　　舞台化的"动态"保护主要对象是廊道遗产沿线的非物质文化遗产,民族歌舞、戏剧、节庆、手工艺技能等,都可以通过舞台化、艺术化的包装后,形成具有吸引力的、受游客欢迎的旅游产品。非物质遗产的舞台化既有利于旅游开发,也有利于这些遗产的传承和发展,但在开发过程中一定要避免商品化、庸俗化的倾向。如:"花儿"是流传在中国西北大地上的一种民歌,是丝绸之路上的口传歌谣,近年来,西北各地的一些"花儿"歌手把具有浓郁的民族气息的"花儿"进行了舞台化的包装,唱出了国门,在海外产生了很大的反响。这引起了越来越多的海内外专家学者的关注,联合国教科文组织也多次派专家专程赴甘肃岷县等地对"花儿"进行考察。岷县自 2002 年以来,先后被授予"联合国民歌考察基地"和"中国花儿之乡"等荣誉称号。

（3）嘉年华的"迁移"保护

珍贵的自然遗产和大多数古迹遗址类遗产是不能进行"迁移"保护的,对它们的保护只能采取生态型保护和技术维护。然而,对于大多数非物质遗产和部分文化遗产可以将其迁移到新的环境下,让更多的人认识到这些遗产的价值。"迁移"不是对丝路遗产资源的直接保护,而是一种间接的方式,如同嘉年华会一样使非物质遗产进行外地"巡演",通过这样的方式唤起人们对其价值的认可,吸引人们去遗产地旅游,从而达到遗产保护目的。如:可以在北京、上海等大都市建立流动性的"民族风情园"或"文化园",将异地的民族歌舞、手工艺表演及著名建筑的微缩景观集中于一园之内,给遥远的人们一种身临其境的体验,激发潜在游客的旅游欲望。

二、旅游品牌塑造与区域营销

1. 廊道遗产旅游品牌塑造

地理位置或某一空间区域,也像产品和服务一样,可以成为品牌,品牌化的力量就是让人们了解和知道某一区域。而让人们了解的目的正是为了引导旅游者对廊道遗产旅游品牌的选择。

廊道遗产从交通运输、商贸交流、文化融合等历史使命向现代旅游业转化过程中,到访者也从商人脚夫、文人墨客向旅游者转变。因此,应当站在旅游者视角研究廊道遗产旅游品牌的构成及影响因子,才能为接下来的区域旅游品牌营销奠定基础。

对郝胜宇、白长虹（2008）的城市品牌概念模型进行调整后,总结出构成廊道遗产旅游品牌的双维度和 20 种影响因子。双维度即功能体验维度和象征性维度,前者基于已经体验过廊道遗产的旅游者提出,而后者基于尚未到访过廊道遗产的旅游者提出,且每个维度中又包括若干种影响要素。见表 6-3。

表 6-3　基于旅游者视角的廊道遗产旅游品牌双维度评价指标体系

双维度	功能体验维度	象征性维度
旅游者群体	已经到访过廊道遗产旅游地	未到访过廊道遗产旅游地
主客观评价	到访后的客观评价（口碑）	到访前的主观想象（偏好）
廊道遗产旅游品牌影响因子	(a)道路顺畅度 (b)交通工具选择广泛性 (c)住宿设施满意度 (d)地方美食可口度 (e)自然／人文景观丰富度 (f)景区点"名"与"实"契合度 (g)当地居民亲和力 (h)气候舒适度 (i)旅游商品／纪念品差异性 (j)旅游休闲购物场所规范性 (k)地方／民族风情神秘性 (l)旅游者之间交流密切度 (m)当地治安优劣度 (n)旅游从业人员整体素质 (o)所到各地对廊道遗产的代表性	(p)心里距离：不直接影响旅游者偏好，具体情况因人而异，心里距离遥远的廊道遗产旅游地有时成为旅游者选择的阻力，而有时却成为动力 (q)知名度：与旅游者主观偏好成正比 (r)震撼力／整体感：旅游宣传片、旅游广告、摄影作品的视觉冲击力，以及廊道遗产形象认知的整体感 (s)文化感知度：历史文化、名人故事、神话传说都影响旅游者对廊道遗产旅游地的感知和决策 (t:a~o)到访者口碑：左侧 15 项因子综合评分后形成的到访者整体印象与客观评价将会影响旅游者的选择
判断结果	A 廊道遗产旅游地各项功能是否完好 （旅游品牌客观评价）	B 廊道遗产旅游地是否满足内心需求 （旅游品牌主观偏好）
决策结果	选择某一廊道遗产旅游地作为旅游目的地	

由上表可知，影响廊道遗产旅游品牌的因素既有旅游地的客观现实，也有旅游者的主观臆想，是一个综合性的、复杂的旅游品牌影响及决策系统。为方便计算，理论上可将以上 20 项因子赋予均衡权重，即 a~t 各占 5%，从而得到廊道遗产旅游品牌（Y）的理想方程式如下：

$Y = A + B = f(a\sim o) + f(p\sim t) = (a+b+c+\cdots+o) \times 5\% + (p+q+r+s+t) \times 5\%$

其中 $t = (a+b+c+\cdots+o)/15$

$Y = [16/15(a+b+c+\cdots+o)+(p+q+r+s)] \times 5\% = 4/75(a+b+c+\cdots+o)+1/20(p+q+r+s)$

当然，对不同的廊道遗产旅游地而言，其旅游品牌影响因子并非等权重分布，也不是每个旅游品牌都由上面 20 个因子来决定。因此在实践中，对廊道遗产旅游品牌评价标准体系还无法统一。但是，旅游营销主体和遗产管理部门可以根据目前指标体系中各项分值和总分的高低对廊道遗产旅游地设施或营销方略进行调整。

2. 廊道遗产区域营销动力

国家层面支持，旅游规划编制。2009 年，国家旅游局公布的国家旅游线路中包括丝绸之路、香格里拉（茶马古道一部分）、长江三峡和京杭大运河。2007—2009 年，国家旅游局还相继启动了《丝绸之路旅游区总体规划》、《京杭大运河旅游线路总体规划》等，可见国家层面对廊道遗产旅游的支持力度之大。国家线路的推出和廊道遗产旅游规划的编制促进了廊道遗产旅游品牌的营销推广。

区域旅游经济一体化步伐加快。西部大开发国家战略实施以来，西南、西北各省区之间的合作明显加强。在区域合作框架下，西北六省区和西南川滇藏地区（尤其是大香格里拉地区）的区域旅游合作也得到了发展空间。作为区域旅游合作中的重要内容，区域旅游营销经常以廊道遗产为纽带进行，如西北五省区在西安举办了丝绸之路营销高级研讨班。

品牌潜力巨大，吸引各方参与。丝绸之路多国联合申报世界遗产、京杭大运河申报世界遗产、三峡工程诸多世界之最、茶马古道成为西方人梦中香格里拉的有形载体，这一切都预示着廊道遗产蕴含着无可比拟的巨大品牌价值，其旅游发展潜力不可限量。正因为此，廊道遗产沿线各行政区没有理由不投入到廊道遗产旅游发展的竞争与合作中来，这将会促进区域旅游营销的开展。

3. 廊道遗产区域营销组织与实施

廊道遗产旅游品牌营销成功的关键在于是否能够实现"三个超越"，即：超越城市品牌营销、超越普通遗产营销、超越一般商业营销。廊道遗产旅游品牌区域营销既要遵循品牌营销一般性规律，同时又要从营销组织、营销理念、营销手段等方面突破传统营销模式的约束，将营销动力发挥到最大，将营销阻力限制到最小。

（1）营销组织

充分利用国家对廊道遗产的重视和社会各界对廊道遗产的关注，

集廊道遗产沿线各行政主体和旅游企业之力对廊道遗产进行区域化、整体化营销。这也是廊道遗产营销与城市营销和单体遗产营销的最大不同。营销涉及的利益主体众多，组织结构复杂，这必然会导致利益纷争，因此，引入区域合作机制十分必要。

尝试建立廊道遗产旅游发展专项组，比如丝绸之路旅游区发展专项组、茶马古道（大香格里拉地区）旅游发展专项组等，负责包括廊道遗产旅游品牌营销在内的区域旅游发展协调事宜。专项组的重点工作就是塑造廊道遗产旅游品牌、制定对外营销策略、协调多个参与方利益、筹划和组织营销活动。通过专项组进行廊道遗产营销的优势有二：一是协调各利益主体的诉求，淡化各方在营销过程中的利益纷争，从而有利于营销活动顺利开展；二是促进廊道遗产旅游品牌的清晰化，制定合理的廊道遗产旅游线路，加强市场营销的战略性、条理性和针对性。

（2）营销理念

无论是针对一般遗产的旅游营销，还是针对普通产品的商业营销，品牌和商业价值都是营销追求的目标，而其终极目的无疑是吸引消费，进而取得经济利益。然而，对于廊道遗产旅游品牌营销而言，固然无法背离赚取经济利益的一般营销法则，但是它还肩负着更重要的使命，那就是：传播文化、传承文脉、强化民族认同、促进国际交流。这也是廊道遗产价值在营销领域的体现。

树立崇高的营销理念（甚至说是营销理想）是廊道遗产旅游品牌营销与一般营销活动区别的标志。部分廊道遗产（如丝绸之路、茶马古道）的国际化属性还使廊道遗产承担起"各国人民集体记忆保管者"的使命。因此，营销的国际化视野必然赋予廊道遗产营销国际化理念。

（3）营销手段

以往遗产地旅游营销通常以"地域推销和旗舰项目"作为营销手段，除此之外，廊道遗产旅游品牌营销还应当以联合营销为基础，运用国际化、立体化的特殊营销手段进行。廊道遗产旅游品牌营销的特殊手段主要有三种。

建立国际互联网营销平台。建立廊道遗产中文官方网站，并设英语、法语、西班牙语、阿拉伯语、日语等版本，面向国内外旅游者介绍某一条（或多条）廊道遗产地域文化、吃住行游等信息，以精美的图片和高清视频吸引旅游者眼球，以详尽的旅游攻略和多种线路组织为旅游者出行提供参考，改变过去旅游者对廊道遗产旅游"无从下脚"的尴尬。

成立跨国合作机构。或联合"申遗"委员会，或文化交流促进会，或学术论坛，这些关于廊道遗产的跨国合作机构不仅可以为廊道遗产的保护与开发提供强大的资金和智力支持，而且还可以为廊道遗产旅游积聚人气，能够很自然地在遗产界、学术界、商贸界、传媒界和普通民众中形成独特的旅游品牌吸引力。

相关影视书刊的海外发行。廊道遗产不仅凝聚着强大的民族精神，而且还曾经担负着国际文化、商贸交流的重任，因此对于国外旅游者来说，中国的廊道遗产无疑是最具魅力的旅游吸引物。将有关廊道遗产的影视剧作品和书籍等译成多国语言向海外发行，有助于国外旅游者了解中国廊道遗产和中国历史文化，能够激发他们到中国旅游的欲望。

三、遗产解说与解说系统策划

1. 遗产解说

遗产解说是解说者将有关遗产的故事和重要性传递给听众的过程，见图 6-6。遗产解说过程由四个部分组成：解说者（解说主体）、遗产（解说客体）、受众（解说受众）和信息（解说内容）。解说者可以是解说人，也可以是展示牌、博物馆、宣传片和图书等；受众可能是当地人、旅游者、研究者或管理者。遗产解说是要让受众更加了解遗产或遗产地，通过知识的传授提高受众的理解力，以提高受众对遗产或遗产地游览的兴趣、居住的幸福感和管理的责任感。因此说，遗产解说的作用从三个方面体现出来：一是，传授有关遗产和遗产地的知识；二是，为游客提供愉快甚至是有趣的体验；三是，通过以上两方面的共同作用使游客更加尊重遗产，并担负起关心和保护遗产的责任。

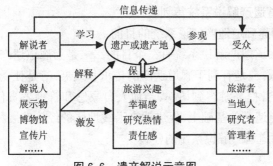

图 6-6　遗产解说示意图

解说是一种重要的遗产保护策略。当人们理解了在历史遗产地所发生的一切的时候,遗产保护就变得更加容易了。从遗产保护的角度来看,解说对于教育和娱乐作用的根本价值是增长见识、树立主人翁意识以及逐渐形成投身于历史遗迹可持续发展的积极愿望。

2.廊道遗产解说系统设计原则

（1）主题的连贯性

每一条廊道遗产都是一部历史巨著,城镇与城镇之间、廊道与廊道之间、文化与文化之间、民族与民族之间都有着密切的关联。对廊道遗产的解说要特别注意其中的关联,在一个共同的主题下对某一条廊道遗产进行展示。

（2）内容的精炼性

解说是一门艺术,涉及历史、建筑、文学、科学等诸多领域,廊道遗产本身又具有巨大的时空跨度。因此,对廊道遗产的解说内容必定是丰富而又繁杂的。为了在短时间内向受众传递最有用的信息,解说内容需进行精准而生动的提炼。

（3）手段的多样性

解说手段的选择其实是对解说者（或解说媒介）的选择。解说媒介分为人工媒介和非人工媒介,人工媒介包括导游员、问讯接待员、景区讲解员等;非人工媒介包括解说牌、宣传册、图板、照片、地图、多媒体、语音导游、网站等。

3.廊道遗产解说系统策划

（1）构建廊道遗产解说系统的目的

构建廊道遗产解说系统有三个目的。一是为廊道遗产保护寻找多方合作领域；二是有利于廊道遗产的传承和发展；三是让受众更好地了解廊道遗产，提高游客到访率、当地人自豪感和管理者责任感，在保护和利用廊道遗产的基础上，促进遗产沿线地区的经济发展和社会进步。

（2）廊道遗产解说系统的建设

表 6-4　廊道遗产解说系统建设的两个层次

整体"三个一"	一个网站	建设一个以廊道遗产名称命名的综合网站，内容涉及廊道遗产历史发展、文化脉络、自然风光、城市发展、旅游信息、实时动态等
	一座博物馆	在廊道遗产最著名的中心城市或其他有代表性的地区建造一座风格独特、展品丰富、融现代科技和遗产精神于一体的博物馆
	一本畅销杂志	由旅游局、地理所或知名报社负责，推出一本关于廊道遗产的畅销杂志，以图文并茂的形式，以知识性、趣味性和观赏性打动读者
局部"三个化"	服务人性化	解说服务要做到贴心和周到，针对不同年龄段、不同文化层次受众要设计不同的解说内容；对残障人士要提供不同形式的解说设备
	风格本土化	解说设施和设备的外观和形式设计要充分体现本地风格，将本地的文化元素融入解说的各个环节当中，以形成解说的本土化和差异化
	语言国际化	廊道遗产是全人类的遗产，必定吸引国际旅游者前来观光游览，因此以多种主要国际语言对廊道遗产进行解说是十分必要的

廊道遗产解说系统建设可从整体和局部两个层次来进行。整体上要做好"三个一"，即从廊道遗产区域的角度要建设一个网站、一座博物馆、推出一本畅销杂志。局部要做到"三个化"，即在遗产节点要做到服务个性化、风格本土化、语言国际化。见表 6-4。

四、点线串连与旅游线路设计

1. 廊道遗产旅游节点和线路选择

在第四章廊道遗产空间结构演变的论述中,我们知道,廊道遗产的节点与廊道随着时间的发展而在地理空间上呈现出不断变化的特征。中心城镇、次级城镇、中继站、主干廊道和支线廊道都不是一成不变的,它们的角色和功能是历史选择的结果。

当代,在遗产旅游发展方兴未艾之际,蕴含着丰富文化内涵、拥有众多单体遗产的廊道遗产必然成为旅游者青睐的对象。然而,廊道遗产跨区域分布、节点众多、线路错综复杂等特点往往使得旅游者在选择旅游节点和线路时无所适从。在此,我们将讨论廊道遗产旅游节点和线路的选择问题。

首先,廊道遗产节点不等于旅游节点。廊道遗产的功能绝不仅限于旅游功能,旅游功能只是廊道遗产众多功能的一种。因此,一些廊道遗产的重要节点并不能成为旅游者驻足的目的地。比如:张掖和武威是丝绸之路上的重要节点,但就旅游功能来看,它们的作用却很有限,远不如甘肃省省会兰州,知名度不如敦煌。再如:青海省格尔木是青藏铁路和青藏公路非常重要的节点,但其旅游资源并不丰富,无法称为"旅游城市"。而且,青藏铁路格拉段建成通车之后,格尔木作为进藏旅游者大本营的地位也日益衰落,其旅游节点功能急剧弱化。

第二,旅游线路通常已非传统的廊道。随着现代化交通方式的出现和不断升级,旅游交通线路已经从传统的低等级公路、乡间小路、山野小径变为了高速公路、高速铁路甚至航空游线。交通工具也已经从原始的徒步、马车变为了越野车、房车、火车和飞机。廊道遗产的主干廊道和支线廊道的交通运输功能被现代交通所取代,然而,在它们身上深藏的历史和精神是不可磨灭的。因此,一些探险旅游者、特种旅游者、科考旅游者还会选择传统的廊道作为旅游行进的线路。

第三,旅游中的点线串连可以"混搭"。人们旅游的本意是为了寻找与平日生活的差异,并从中获得快乐、知识和新鲜的体验。因此,由点和线组成的旅游线路可以是随意安排的,并非要固守着"传统"和

"现代"的规则,也无需受制于"功能"和"意义"。旅游可以借助现代化的交通工具,徜徉在历史村落间;也可以依靠双脚,在现代化的都市中寻找传统的力量。总之,廊道遗产旅游线路的设计要在充分体验廊道遗产文化魅力的基础上,体现个性化的旅游方式。

2.廊道遗产旅游线路设计

（1）设计原则

◆根据出发地选择游线起点和终点

◆根据偏好和预算选择交通方式和行进路线

◆根据旅游目的选择旅游节点

◆根据旅游时间策划线路长度

◆根据个人体能决定线路强度

（2）线路设计

以丝绸之路、茶马古道和青藏铁路(公路)旅游线路为例,见表6-5。

表6-5　廊道遗产旅游线路设计

	常规旅游线路 (旅行社常用)	非常规旅游线路 (自助游旅友常用)
丝绸之路	西安—兰州—敦煌—吐鲁番—乌鲁木齐	西安—兰州—酒泉—嘉峪关—敦煌—吐鲁番—乌鲁木齐—库车—阿克苏—喀什—禾田—民丰—轮台—库尔勒—乌鲁木齐
茶马古道	昆明—大理—丽江—香格里拉	昆明—普洱—西双版纳—临沧—大理—丽江—泸沽湖—香格里拉—德钦—芒康—左贡—八宿—波密—林芝—拉萨
青藏线	(火车)西宁—青海湖—格尔木—拉萨	(汽车)西宁—湟源—青海湖—茶卡—都兰—格尔木—玉珠峰—昆仑山口—五道梁—沱沱河—唐古拉山口—安多—那曲—当雄—纳木错—拉萨

常规旅游线路一般由旅行社推出,适合大众旅游,它的特点是串连中心城市和著名景区,旅游强度较小,行程较短,较多依靠现代化的交通工具,食住行舒适。非常规旅游线路通常是自助游旅游者喜欢的线

路,它的特点是,旅游强度大,行程长,各种交通工具相结合(甚至包括毛驴车、拖拉机或徒步行进),食宿条件一般(有时恶劣),但可与当地人深度接触,旅行体验程度深。

五、国内区域合作与跨国联合"申遗"

1.廊道遗产的国内区域合作

世界敦煌学的发展和不断的考古发现并没有让丝绸之路真正地被普通人所关注,直到20世纪90年代西部大开发战略的实施和遗产旅游的发展,才使这条千年古道走进了亿万普通中国人的视野。现在,丝绸之路已成为世界上最具有影响力的国际旅游线之一。它贯穿我国西北五省区和河南省,将中原与西北串连起来,从战略层面促成丝路沿线六省区的旅游合作,构成中国距离最长、辐射面最广、形象最突出、最具吸引力的黄金旅游带,从而加快中西部地区经济发展的步伐。

丝绸之路是西北地区区域旅游合作的纽带,共同打造丝绸之路旅游线路是六省区打破省级行政区划束缚,进一步联手协作,整合资源、实现区域旅游资源互补的契机。因丝绸之路开发而形成的区域旅游合作有利于带动各省区旅游及相关产业进一步繁荣;有利于增强西北地区及其他旅游景区人民的经济收入;有利于最大限度地解决富余劳动力的就业问题;有利于提高人口的整体素质;有利于资源的永续利用和社会的可持续发展。

2.廊道遗产的跨国联合"申遗"

由于世界遗产通常具有完整性,往往跨国界,有着不可分割的特性,因而两国或多国共同申报和拥有,就成为世界遗产委员会鼓励和倡导的做法。这样能够加强相邻国家的密切合作、更有效更全面地保护遗产项。如果各自为政,一个国家所拥有的部分不足以充分体现遗产项的完整价值。

以合并、合作的思路及方式成功成为世界遗产的,称为"跨国项目"。作为遗产,跨国项目由两国或多国共享。许多国家在积极行动,以期望促成更多的跨国项目成功入选《世界遗产名录》。在中国,如丝绸之路、茶马古道这样的廊道遗产都是跨国界分布的。联合国教科文组织正在对具有跨区域联合申报潜力的项目进行考察和研究。

　　丝绸之路是国际化的廊道遗产，它是属于全人类的共同遗产。我国依托丝路开展国际合作，恢复其亚欧大陆桥的本色。丝绸之路是一条世界级的遗产带，它的发展离不开国际力量的支持和跨国合作。

　　联合国开发计划署早已启动了丝绸之路区域项目。联合国教科文组织 2002 年丝绸之路国际学术研讨会上，120 位来自 29 个国家的学者，共同发表了《西安宣言》，呼吁将丝绸之路整体列为世界文化遗产，充分反映了国际社会的共识和全世界的共同呼声。在联合国开发计划署和世界旅游组织的支持下，丝绸之路跨国项目进展迅速。2006 年，中国通过上海合作组织与中亚国家就"新欧亚大陆桥"项目达成共识，这标志着丝绸之路国际合作的正式启动。直到 2014 年 6 月，丝绸之路终于成功入选《世界遗产名录》。

　　丝绸之路的"申遗"工作超越地域和国家的局限，进行跨国申报。由中国作为发起国，联合丝绸之路沿线多国，对丝绸之路全线遗迹进行全面考察论证，按照完整性、系统性、原始性原则，认真地遴选出丝路遗产旅游资源，成立工作班子，按计划依一定程序进行申报工作。最终丝绸之路的"申遗"成功，是中国与邻近的哈萨克斯坦、吉尔吉斯斯坦两国联合申报的世界遗产，与同时申报成功的京杭大运河一样，都属于我国典型的廊道遗产，这将极大地推动我国廊道遗产的发展。

六、廊道遗产管理体制构想

　　在我国目前"条""块"结合的遗产管理现状下，无论在遗产的宏观制度环境还是微观的管理形式上都没有形成一套与世界遗产保护要求相适应的管理体制。目前大多数遗产沿用的是文物、风景区等管理模式。不可否认，这些管理经验对遗产保护有很大作用，但必须看到它与遗产保护体系本身有较大差异性。对遗产的管理应根据环境特征，结合遗产保护本身的要求来加以改革。

　　廊道遗产空间跨越大、包含遗产类别多，对它的管理涉及主体更多、更加复杂。一个良好的管理模式和一套完善的运行机制能够充分地挖掘廊道遗产价值、发挥其多项社会功能，极大地促进廊道遗产的保护与开发,实现其可持续发展。在中国遗产管理现行体制下,单方面实现廊道遗产的科学管理和高效运行是不可能的,必须从整个国家遗产管理的角度进行制度设计,推进国家机构改革和配套建设才能完成。

　　本书对我国遗产管理体系提出大胆的构想:建立直接隶属于国务院的"国家遗产总局",与国家体育总局、国家环保总局、国家广电总局等国家机关在各自行业内的职能相似。主要职责见表6-6。

表 6-6　国家遗产总局职责

●研究制定国家遗产政策法规和发展规划并监督实施
●指导和推动遗产管理体制改革,制定遗产发展战略,编制国家遗产中长期发展规划;协调区域型遗产发展
●推行国家遗产全民教育计划,提高全民遗产保护意识,指导并开展群众性遗产保护活动
●开展遗产普查、登记工作,将濒危遗产和尚未保护的遗产纳入国家遗产保护体系
●研究拟定遗产旅游开发政策,发展遗产型文化消费市场;制定涉及遗产资源经营活动的从业条件和审批程序
●开展遗产领域的国际交流与合作;代表国家参加国际遗产界重大会议和活动;承担国际遗产保护义务,遵守联合国教科文组织世界遗产委员会的相关决议和《世界遗产公约》
●负责国家遗产的资格审查和世界遗产申报工作
●承办国务院交办的其他事项

　　机构设置见图6-7。

　　以省为单位向"国家遗产总局"申报国家遗产,"国家遗产总局"审核后上报国务院,经国务院批准后,进行公示,并将国家遗产纳入"国家遗产总局"遗产管理体系中。为消除多头管理的传统弊病,必须痛下改革决心,将中国遗产管理归口"国家遗产总局"一个部门进行管理。从短期看,"风景名胜区"、"自然保护区"、"历史文化名城"、"国家森林公园"、"国家A级景区"的各自"东家"协助遗产管理部门进行遗产保护与开发。从长期来说,随着机构改革深入,各机构的权责日益明晰,对包括廊道遗产在内的所有国家遗产的管理应当归口于"国家遗产总局",逐渐减少条块分割造成的弊端。

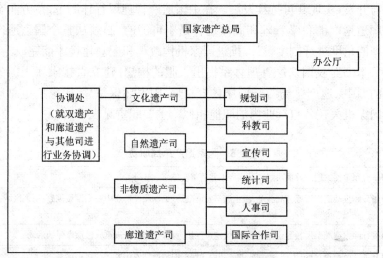

图 6-7　国家遗产总局机构设置构想

　　改革不会一帆风顺，必然会使一部分部门的利益受损，也必然会引起部分当权者和利益相关者的不满，因此改革途中还会障碍重重。中国是遗产大国，遗产资源对国家强盛、民族复兴、社会和谐具有重大意义。遗产管理混乱无序、遗产命运危机四伏，这种状况到了该改变的时候，遗产管理体制改革势在必行。

第七章　结论与展望

第一节　研究结论

在中华民族复兴的历史背景下,我国跨区域、跨民族、跨文化、跨古今的大型廊道遗产成为全社会关注的焦点。本书将这一类型的遗产定义为廊道遗产。廊道遗产是指历史上或现代社会中,曾经或正在发挥交通运输功能的、由人的空间移动或人工建造形成的、跨越不同地理或文化单元的地上线路或水上通道。廊道遗产有两条理论源流,一个是发端于美国 20 世纪 60 年代的遗产廊道理论;另一个是 20 世纪 90 年代最先出现在欧洲的文化线路遗产理论。廊道遗产汲取了文化线路强调的大型线性遗产保护理念和遗产廊道注重的自然生态景观保护和促进经济发展的理念,是二者的有机合成,是将两者融会贯通并进行"中国化"的理论处理后,在中国大型线性遗产理论与实践领域的具体应用。

本书在廊道遗产相关概念梳理、区域空间结构理论回顾和对国内外遗产研究进行归纳总结之后,分别研究了廊道遗产的概念和内涵、判别和价值、空间结构演变、生命周期曲线、古今功能演进、保护开发路径等内容,并以茶马古道廊道遗产为例进行了案例研究。通过本书的分析论证,可以得出如下主要结论:

①从概念提出的角度看,由于现有遗产概念解释力不足、欧美概念在华"水土不服"、中华民族复兴需要文化领航、遗产保护现实情况差强人意等因素,使得廊道遗产概念应运而生。廊道遗产是历史上或现代社会中形成的,并对社会的发展、民族的进步、不同国家、政权或地区之间的政治、经济、文化交往起到过重大的推动作用;能够体现民族精神、塑造意识形态,是国家"文化身份"或"民族身份"的象征;以文化价

值为核心,突出政治、经济和教育三大价值功能;存在于广阔的地理空间内,通常跨区域、跨国界分布;本身不仅是遗产,而且在其沿线区域内分布着较为丰富的文化、自然和非物质单体遗产,可将其视为遗产体系;可以是水路或陆路的,并作为交通线路使用;可以是线型、放射型或网络状的。

②从空间结构的角度看,廊道遗产要素分为两类:一类称为空间要素,另一类称为环境要素,它们相互作用,共同影响廊道遗产的空间结构及其变化。廊道遗产空间要素由节点、廊道和辐射域面三部分组成。节点按照不同的等级可分为中心城镇、次级城镇和中继站。廊道按等级可分为主干廊道和支线廊道。辐射域面是节点和廊道的影响力所波及的范围,它随着节点和廊道功能强弱而时刻发生变化。环境要素包含自然环境要素和人文环境要素。廊道遗产空间结构是某一历史时期的产物,它的空间形态和空间功能随历史和社会的发展而发生变化。政府行为、区域经济、交通发展、技术革新、自然基质等都会对廊道遗产空间结构产生影响。

③从生命周期的角度看,廊道遗产作为一个有机的具有生命力的复杂系统,如同生物群落一样,也有从出现到衰亡的生命周期。本书将廊道遗产生命周期具体划分为:开拓期、繁荣期、衰落期、中断期、复兴期五个阶段。五个阶段彼此间的分界并不是由某一个时间点划分的,而是由一个时间段划分的,即曲线的拐点代表了历史上的某一个时期。由于廊道遗产是一个巨大的时空系统,它的生命周期较之产品和旅游地表现出更为复杂的特征。它没有各个阶段的明显分野,它的开拓、繁荣、衰落、中断和复兴皆有其特殊性,受外界环境因素影响较大,生命曲线表现为波浪线,且起伏不定。从大跨度的时间维度看,廊道遗产的盛衰体现出历史的必然性;而从某一时间段来看,又具有相当的偶然性。

④从古今功能的角度看,在生命周期的不同阶段,廊道遗产所发挥的功能也不尽相同;同一种功能可以在不同的阶段发挥作用,也可能随着历史的发展而增强、减弱或消失。廊道遗产的功能总是在不断的变化之中,符合时代发展的功能将促进廊道遗产的繁荣,相反则会加速廊道遗产的衰落。廊道遗产的历史功能主要包括交通运输功能、通商贸

易功能、文化交流功能、宗教传播功能、军事征服通道功能、民族融合通道功能、人口迁移通道功能、区域发展纽带功能；现实功能主要包括旅游功能、遗产保护功能、生态保护功能、区域合作功能、平衡区域发展功能、改善欠发达地区民生功能、提升国家软实力功能、维护国际和平功能。需要注意两点，一是，有的功能既是历史功能又是现实功能；二是，并非每条廊道遗产都兼具所有功能。

⑤从保护开发的角度看，廊道遗产在不同的历史时期发挥着不一样的功能，在某一时期所承载的功能决定了此时此刻廊道遗产保护与开发的战略方向和实施路径。廊道遗产的空间连续性和时间断续性共同强调了廊道遗产保护开发过程中应当遵循的时空观。从时空演变的视角来看，每一条廊道遗产的具体演化路径和形态都是不同的，其所担当的历史使命也是不同的，所以廊道遗产保护与开发并没有放之四海而皆准的方案，应该因地制宜。本书认为，在廊道遗产保护开发过程中，保护的是廊道遗产的历史文化，而开发的是廊道遗产的文化主题；发挥其现实价值去服务于当代社会是廊道遗产保护开发的根本依据；保护和开发应当是战略和战术的结合，不可有失偏颇。

第二节　研究展望

当下，对廊道遗产的研究只是一个开端。随着中华民族复兴对文化需求的日益迫切，大型区域遗产为社会带来难以估量的效益正初步显现，当代遗产在旅游大潮的冲击下出现若干问题时，将会有越来越多的学术界同仁投入到廊道遗产的研究中。我们将期待着未来的廊道遗产研究向以下几个方向发展：

①廊道遗产的概念、内涵、判别标准更加清晰，能够成为一个学术界、企业界、管理部门所普遍认可的遗产类别，并且通过广泛深入的研究，形成完整的廊道遗产理论体系。

②准确运用地理学和计算机领域的遥感、定位、制图等技术分析工具，对廊道遗产的空间结构演化进行定量的、科学的描述，并与历史分析相结合，深入挖掘廊道遗产时空变化的内在机理。

③从区域视角和国际视角出发,继续探讨廊道遗产在区域经济协调发展、欠发达地区人民脱贫致富、生态脆弱地区环境保育、维护地区和平与政治稳定等方面的现实功能,为国家发展服务。

④廊道遗产与旅游研究紧密结合,既可将廊道遗产视为旅游资源的一种进行研究,也可将其视作旅游开发和保护的方法给予关注。而且,在案例研究方面,需要大量的调研数据和事实给予支撑,进而对廊道遗产理论形成佐证。

参考文献

Ahern，J. 1995. Greenways as A Planning Strategy[J]. Landscape and Urban Planning 33(1-3): 131~155.

Alex，A.，Richard，A.，and Kenneth，A. S. 1998. Urban Spatial Structure[J]. *Journal of Economic Literature* pp: 1426~1464.

Alison，J. B. and Richard，C. P. 1997. Conceptualizing the Experiences of Heritage Tourists[J]. Tourism Management 18(2): 75~87.

Anne，D. 1996. Developing Sustainable Tourism for World Heritage Sites[J]. Annals of Tourism Research 23: 479~492.

Anthony，W. 2006. Greenways: Multiplying and Diversifying in the 21st Century[J]. Landscape and Urban Planning 76: 252~290.

Benedetto，C. A. and Bojanic，D. C. 1993. Tourism Area Life Cycle Extensions[J]. Annals of Tourism Research 20: 557~570.

Bhattacharya B. Urban Tourism in the Himalaya in the Context of Darjeeling and Sikkim. *Tourism Recreation Research*，1992(2): 79~83.

Brás J M，Costa C，Dimitrios. Network Analysis and Wine Routes: the Case of the Bairrada Wine Route. *The Service Industries Journal*，2010 (10): 1621~1641.

Butler，R. W. 1980. The Concept of a Tourist Area Cycle of Evolution[J]. Canadian Geographer 24(1): 5~12.

Charles，L. 1990. Greenways for America[M]. Washington: Urban Land Institute.

CIIC. 1994. Annex 3 of Routes As Part Of Our Cultural Heritage: Report on The Meeting of Experts[R]. Spain: Madrid.

CIIC. 1994. Reports of Experts[R]. Spain: Madrid.

CIIC. 2003. Annex 4 of 3rd Draft Annotated Revised Operational

Guidelines for the Implementation of the World Heritage Convention[Z]. Spain: Madrid.

Conzen M P, Wulfestieg B M. Metropolitan Chicago's Regional Cultural Park: Assessing the Development of the Illinois & Michigan Canal National Heritage Corridor. *Journal of Geography*, 2001(3): 111~117.

Cooper, C. and Jackson, S. 1989. The Destination Area Life Cycle: the Isle of Man Case Study[J]. Annals of Tourism Research 16: 377~398.

Correia L, MA'RIO J, Ascenc P, Charters S. Wine Routes in Portugal: A Case Study of the Bairrada Wine Route. *Journal of Wine Research*, 2004(1): 15~25.

Hashimotoa A, Telfer D. Positioning an Emerging Wine Route in the Niagara Region. *Journal of Travel & Tourism Marketing*, 2003(3-4): 61~76.

Crick, M. 1989. Representations of Sun, Sex, Sights, Savings and Servility: International Tourism in the Social Sciences[J]. Annual Review of Anthropology 18: 307~344.

Dallen, J. T. 1997. Tourism and Personal Heritage Experience[J]. Annals of Tourism Research 24: 751~754.

Darlow S, Essex S, Brayshay M. Christine Landorf Sustainable Heritage Management Practices at Visited Heritage Sites in Devon and Cornwall. *Journal of Heritage Tourism*, 2012(3): 219~237.

Donohoe H M. Sustainable Heritage Tourism Marketing and Canada's Rideau Canal World Heritage Site. *Journal of Sustainable Tourism*, 2012(1): 121~142.

Erkan Y K. Railway Heritage of Istanbul and the Marmaray Project. International Journal of Architectural Heritage, 2012(1): 86~99.

Fábos, J. G. 2004. Greenway Planning in the United States: Its Origins and Recent Case Studies[J]. Landscape and Urban Planning 68: 321~342.

Fábos, J. G., 1996. Introduction and Overview: the Greenway

Movement, Uses and Potentials of Greenways[J]. ed. Fábos, J. G., and Ahern, J. Greenways: The Beginning of an International Movement[M]. Amsterdam: Elsevier.

Flink, C. A., and Searns, R. M. 1993. Greenways[M]. 167. Washington: Island Press.

Flink, C. A., Olka, K., and Searns, R. M. 2001. Trails for the Twenty First Century: Planning, Design, and Management Manual for Multiuse Trails (second edition) [M]. 52~117. Washington: Island Press.

Forman, R. T., 1995. Land Mosaics[M]. New York: Cambridge University Press.

Gareth, S. and Allan, M. W. 2000. Critical Issues in Tourism: A Geographical Perspective[M]. Blackwell.

González R, Medina J. Cultural Tourism and Urban Management in Northwestern Spain: the Pilgrimage to Santiago dc Compostcla. *Tourism Geographies: An International Journal of Tourism Space, Place and Environment*, 2003(4): 446~460.

Grabowski C P, Wang G. European Silk Road Tourists' and Their Tour Guides' Perceptions of Product and Service Quality. *Journal of Quality Assurance in Hospitality & Tourism*, 2000(4): 97~106.

Harris T. Silk Roads and Wool Routes: Contemporary Geographies of Trade Between Lhasa and Kalimpong. *India Review*, 2008(3): 200~222.

Harvey, E. R. 1997. Política cultural en Argentina[R]. UNESCO, París.

Hemme D. Landscape, Fairies and Identity: Experience on the Backstage of the Fairy Tale Route. *Journal of Tourism and Cultural Change*, 2005(20): 71~87.

Hilary, D. C. 2001. A New Model to Assist in Planning for Sustainable Cultural Heritage Tourism[J]. International Journal of Tourism Research 3: 165~170.

ICOMOS-CIIC. 2008. Chapter of Cultural Routes[Z]. 丁援（译）. 文

化线路宪章 [J]. 中国名城,2009(5):51~56.

IPCC (政府间气候变化专门委员会). 2007. Fourth Assessment Report[R]. Spain: Valencia.

Iverson, W. D., Sheppard, S. R. J., and Strain, R. A. 1993. Managing Regional Scenic Quality on the Lake Tahoe Basin[J]. Landscape 12: 23~39.

Jones T, Glasson J, Wood D. Regional Planning and Resilient Futures: Destination Modelling and Tourism Development: The Case of the Ningaloo Coastal Region in Western Australia. *Planning Practice & Research*, 2011(4):393~415.

Kuiper E, Bryn A. Forest Regrowth and Cultural Heritage Sites in Norway and along the Norwegian St Olav Pilgrim Routes. International *Journal of Biodiversity Science, Ecosystem Services & Management*, 2013(1):54~64.

Landorf C. Managing for Sustainable Tourism: A Review of Six Cultural World Heritage Sites. *Journal of Sustainable Tourism*, 2009(1): 53~70.

Lewis, P. H. 1964. Quality Corridors for Wisconsin[J]. Landscape Architecture 1:31~40.

Little, C. E., 1990. Greenways for America[M]. Baltimore: Johns Hopkins University Press.

MacCannell, D. 1973. Staged Authenticity: Arrangements of Social Space in Tourist Settings[J]. Australian Journal of Sociology 79(3): 589~603.

Marschall S. Sustainable Heritage Tourism: the Inanda Heritage Route and the 2010 FIFA World Cup. *Journal of Sustainable Tourism*, 2012(5): 721~736.

Mell I C, John S. Sustainable Urban Development in Tightly Constrained Areas: a Case Study of Darjeeling, India. *International Journal of Urban Sustainable Development*, 2014(1): 65~88.

Orbaşli A, Woodward S. A Railway 'Route' as a Linear Heritage Attraction: The Hijaz Railway in the Kingdom of Saudi Arabia. *Journal of Heritage Tourism*, 2008(3): 159~175.

Perroux, F. 1955. Note on the Concept of Growth Poles. In: Livingstone I. ed. 1971. Economic Policy for Development: Selected Readings[C]. Harmondsworth: Penguin.

President's Commission on Americans Outdoors. 1987. Americans Outdoors: the Legacy, the Challenge, with Case Studies[M]. Washington: Island Press.

Randall, A. 2004. Linked Landscapes Creating Greenway Corridors Through Conservation Subdivision Design Strategies in the Northeastern and Central United States[J]. Landscape and Urban Planning 68: 241~269.

Richard, L. K., and Cynthia, L. E. 1995. Scenic Routes Linking and Protecting Natural and Cultural Landscape Features: A Greenway Skeleton[J]. Landscape and Urban Planning 33: 341~355.

Robert, H. and Erin, S. 2003. Staged Authenticity and Heritage Tourism[J]. Annals of Tourism Research 30: 702~720.

Rodwell, D. 2003. Sustainability and the Holistic Approach to the Conservation of Historic Cities[J]. Journal of Architectural Conservation 1: 58~73.

Rube'n C, Lois González. The Camino de Santiago and Its Contemporary Renewal: Pilgrims, Tourists and Territorial Identities. *Culture and Religion: An Interdisciplinary Journal*, 2013(1): 8~22.

Samuel, R. 1994. Theatres of Memory: Past and Present in Contemporary Culture[M]. London: Verso.

Samuel, V. L. and Dennis, R. H. 1994. Developing a Tourism Impact Attitude Scale[J]. Annals of Tourism Research 21(1): 121~139.

Sauer, C. O. 1927. Recent Development in Cultural Geography[A]. In: Hayes E. C. Recent Development in the Social Sciences[C]. New York: Lippincott.

Sharpley, R. 1994. Wildlife Tourism[M]. London: International Thomson Business Press.

Snowball J D, Courtney S. Cultural Heritage Routes in South Africa: Effective Tools for Heritage Conservation and Local economic Development? *Development Southern Africa*, 2010(4): 563~576.

Sylvie G A. Walking through World Heritage Forest in Japan: The Kumano Pilgrimage. *Journal of Heritage Tourism*, 2011(4):285~295.

Travel Industry Association of America. The Historic/Cultural Traveler, 2003.

Tsung N, Corotis R, Chinowsky P, Amadei B. A Retrospective Approach to Assessing the Sustainability of the Grand Canal of China. *Structure and Infrastructure Engineering*, 2013(4):297~316.

Vernon, R. 1966. International Investment and International Trade in the Product Cycle[J]. Quarterly Journal of Economics pp: 190~207.

Waayersa D, Leeb D, Newsome D. Exploring the Nature of Stakeholder Collaboration: A Case Study of Marine Turtle Tourism in the Ningaloo Region, Western Australia. *Current Issues in Tourism*, 2012(7): 673~692.

Walsh, K. 1992. The Representation of the Past: Museums and Heritage in the Post-Modern World[M]. London:Routledge.

Whyte, W. H. 1959. Securing Open Space for Urban American: Conservation Easements[M]. Washington: Urban Land Institute.

William, M. 1997. Interpretation of Historic Sites: An Overview[Z]. Prepared for the Annual Meeting of the Kentucky Association of Museums at Cumberland, Benham and Lynch, Kentucky:18~20.

Wooda D, Hughes M. Tourism Accommodation and Economic Contribution on the Ningaloo Coast of Western Australia. *Tourism and Hospitality Planning & Development*, 2006(2): 77~88.

Yaniv, P., Richard, B. and David, A. 2003. The Core of Heritage Tourism[J]. Annals of Tourism Research 30(1): 238~254.

蔡世华. 论中华文化复兴的理性之源与价值重建 [J]. 中国矿业大学学报 (社会科学版),2002(1):102—107

曹传新. 大都市区形成演化机理与调控研究 [D]. 长春: 东北师范大学博士论文,2004

曹诗图, 袁本华. 论文化与旅游开发 [J]. 经济地理, 2003(5):405—408+413

陈才. 区域经济地理学 [M]. 北京:科学出版社,2001

陈传康, 李蕾蕾. 我国风景旅游区和景点旅游形象之策划 [A]. 陈传康旅游文集 [C]. 青岛出版社,2003

陈南江. 旅游开发的文脉与主题 [J]. 规划师,1998(4):65—68+126

陈田. 省域城镇空间结构优化组织的理论与方法 [J]. 城市问题,1992(2):7—15

陈一榕. 百越古道的历史文化考察 [J]. 广西民族研究,2012(1)

崔功豪, 魏清泉, 陈宗兴. 区域分析与规划 [M]. 北京:高等教育出版社,1999

崔鹏. 试论茶马古道对浮梁茶文化线路构建的意义 [J]. 农业考古,2011(2)

单霁翔. 大型线性文化遗产保护初论:突破与压力 [J]. 南方文物,2006(3):2—5

邓谋优. 中国遗产旅游发展面临的问题与对策——以世界遗产为例 [J]. 经济地理,2006(12):56—58

冬冰, 张益, 谢青桐. 文明的空间联系:大运河、新安江和徽杭古道构建的徽商文化线路 [J]. 中国名城,2009(9):16—20

杜忠潮, 柳银花. 基于信息熵的线性遗产廊道旅游价值综合性评价——以西北地区丝绸之路为例 [J]. 干旱区地理,2011(3):519—524

樊新生. 区域经济空间结构演变的多尺度研究 [M]. 北京:科学出版社,2007

范玉洁. 滇越铁路滇段旅游资源开发概论 [J]. 资源与人居环境,2011(5)

冯俊新, 张凯云, 钟笑寒. 文化遗产资源与区域旅游业发展——基

于中国跨省数据的实证研究 [J]. 经济地理,2008(5):497—502

付微,秦书生. 论现代技术管理系统观 [J]. 科技创业月刊,2006(10):165—166

付文军. 论剑门蜀道文化线路的保护（下）[J]. 中国名城,2009(12):18—24

付文军. 论剑门蜀道文化线路的保护 [J]. 中国名城,2009(11):16—23

傅伯杰,陈立顶,马克明等. 景观生态学原理及应用 [M]. 北京:科学出版社,2002

顾军,苑利. 文化遗产报告. 北京:社会科学文献出版社,2005

郭利平. 产业群落的空间演化模式研究 [M]. 北京:经济管理出版社,2006

郭荣华,贺瑞虎. 构建社会主义和谐社会的政治文化 [EB/OL]. 人民网,2006 年 10 月 24 日

国家林业局. 中华人民共和国林业行业标准——自然保护区名词术语 LY/T1685—2007[S]. 北京:中国标准出版社

郝胜宇,白长虹. 顾客视角城市品牌概念模型探析 [J]. 城市问题,2008(5):16—22

何伟. 区域城镇空间结构与优化研究 [M]. 北京:人民出版社,2007

黄雪晖. 岭南走廊文化线路遗产保护初探 [J]. 韶关学院学报,2011(7):19—23

霍布斯鲍姆. 极端的年代:1914—1918（下）. 郑明萱译. 南京:江苏人民出版社,1998

江曼琦. 城市空间结构优化的经济分析 [M]. 北京:人民出版社,2001

蒋丽霞. 自然文化遗产立法初探 [J]. 中国林业经济,2009(1):11—14

金广君,吴小洁. 对"城市廊道"概念的思考 [J]. 建筑学报,2010(11):90—95

凯文·莱恩·凯勒. 李乃和译. 战略品牌管理 [M]. 北京:中国人民大

学出版社,2003

阚如良,闫秦勤.基于未来遗产说的三峡工程旅游发展研究 [J]. 人文地理,2009(3):89—92

李创新,马耀峰等.遗产廊道型资源旅游合作开发模式研究——以"丝绸之路"跨国联合申遗为例 [J]. 资源开发与市场,2009(9)

李德楠. 文化线路视野下的大运河文化遗产保护 [J]. 中国名城,2012(3):42—45

李飞,宋金平. 廊道遗产:概念、理论源流与价值判断 [J]. 人文地理,2010(2):74—77+104

李飞. 城市内部廊道遗产的文化价值与保护利用——以北京中轴线为例 [J]. 中国名城,2013(7)

李经龙,张小林,郑淑婧等.试论世界遗产的出路 [J]. 旅游学刊,2006 (9):86—91

李经龙,郑淑婧,周秉根. 旅游对旅游目的地社会文化影响研究 [J]. 地域研究与开发,2003(6):80—84

李林."文化线路"对我国文化遗产保护的启示 [J]. 江西社会科学,2008(4):201—205

李林."文化线路"与"丝绸之路"文化遗产保护探析 [J]. 新疆社会科学,2008(3):95—99+128

李明伟.丝绸之路研究百年历史回顾 [J]. 西北民族研究,2005 (2):90—106

李沁. 历史感重构与补全式开发——滇越铁路遗产廊道滇段的遗产保护与旅游开发初探 [J]. 建筑与文化,2011(8):100—101

李绍明. 费孝通论藏彝走廊 [J]. 西藏民族学院学报 (哲学社会科学版),2006(1):1—6

李书恒,郭伟.京杭大运河的功能与苏北运河段的发展利用 [J]. 第四纪研究,2007(9):861—869

李伟,俞孔坚,李迪华.遗产廊道与大运河整体保护的理论框架 [J]. 城市问题,2004(1):28—31+54

李伟,俞孔坚. 世界文化遗产保护的新动向——文化线路 [J]. 城市

问题，2005(4)：7—12

李文华，闵庆文，孙业红. 自然与文化遗产保护中几个问题的探讨 [J]. 地理研究，2006(4)：561—569

李小波. 三峡文物考古成果的旅游转化途径与三峡遗产廊道的时空构建 [J]. 旅游科学，2006(2)：12—17

李小健等. 经济地理学 [M]. 北京：高等教育出版社，2001

李星星. 藏彝走廊的范围和交通道 [J]. 西藏民族学院学报（哲学社会科学版），2007(1)：22—24

李炎，艾佳."茶马古道"遗产保护中的文化品牌建设 [J]. 中国文化遗产，2011(5)：57—63+7

李正玲，陈明勇，吴兆录. 生物保护廊道研究进展 [J]. 生态学杂志，2009 (3)：523—528

梁学成. 对世界遗产的旅游价值分析与开发模式研究 [J]. 旅游学刊，2006(6)：16—22

林隽. 西藏归程记 [M]. 吴丰培辑. 川藏游踪汇编 [J]. 成都：四川民族出版社，1985

刘庆余. 国外线性文化遗产保护与利用经验借鉴 [J]. 东南文化，2013(2)：29—35

刘庆余. 线性文化遗产旅游合作：概念、特征与关键点 [N]. 中国旅游报，2012—7—25

刘伟国，苑桂英. 哈大齐旅游遗产廊道构建初探——旅游产品联合开发的新思路 [J]. 黑龙江科技信息，2010(15)：309

刘再兴. 中国区域经济：数量分析与对比研究 [M]. 北京：中国物价出版社，1993

娄青，吴晓秋. 龙场九驿文化线路遗产保护——黔西象祠古建筑修缮与保护 [J]. 贵州师范学院学报，2011(5)：11—13

鲁东明，刁常宇. 数字化技术促进文化遗产保护与旅游开发和谐共生. 选自：邢定康，周武忠. 旅游学研究（第二辑）[M]. 南京：东南大学出版社，2007

陆大道，郭来喜. 地理学的研究核心——人地关系地域系统——论

吴传钧院士的地理学思想与学术贡献 [J]. 地理学报, 1998(2): 97—105

陆大道. 关于"点—轴"空间结构系统的形成机理分析 [J]. 地理科学, 2002(2): 1—6

陆大道. 区域发展及其空间结构 [M]. 北京: 科学出版社, 1999

陆玉麒. 区域发展中的空间结构研究 [M]. 南京: 南京师范大学出版社, 1998

陆芸. 海上丝绸之路与宗教文化的交流 [J]. 中国宗教, 2007 (10): 34—36

吕宛青. 遗产旅游地营销管理中的组织机制及其解析 [J]. 旅游研究, 2009(3): 67—71

马建华, 管华. 系统科学及其在地理学中的应用 [M]. 北京: 科学出版社, 2003

马寅集. 徽州古道文化线路研究 [D]. 安徽医科大学, 2012

木霁弘, 陈保亚, 徐涌涛等. 滇藏川"大三角"文化探秘 [M]. 昆明: 云南大学出版社, 1992

南宇, 李兰军. 西北五省区旅游产业联动开发战略研究 [J]. 旅游经济, 2006(2): 71—74

乔大山, 冯兵, 翟慧敏. 桂林遗产保护规划新方法初探——构建漓江遗产廊道 [J]. 旅游学刊, 2007(11)

石莉. 打造奢香古驿道文化线路: 贵州社会科学. 2014 年第 7 期

石莉. 奢香驿道文化与保护: 教育文化论坛. 2012 年第 5 期

世界旅游组织. 旅游业可持续发展——地方旅游指南 [R]. 1993

宋蜀华. 论西南丝绸之路的形成作用和现实意义 [J]. 中央民族大学学报, 1996(6): 6—10

孙葛. 对丝绸之路 (新疆段) 遗产廊道文化景观进行视觉建构意义的研究》[J]. 新疆师范大学学报 (哲学社会科学版), 2006(2)

孙九霞. 旅游作为文化遗产保护的一种选择 [J]. 旅游学刊, 2010(5): 10—11

孙炜. 京杭大运河的保护和"申遗"[J]. 纵横, 2006(7): 21—24

谭庆虎. 恩施州古代文化线路及古村落(镇)保护与开发 [J]. 恩施

职业技术学院学报,2010(1):71—74

谭元亨. 客家南迁的"节点"与千里客家文化长廊的打造 [J]. 华南理工大学学报 (社会科学版),2008(6):50—55

唐晓霞,赖伟. 试论藏彝走廊文明的多元文化价值 [J]. 内江师范学院学报,2010(1):52—55

陶犁,王国立. 国外线性文化遗产发展历程及研究进展评析 [J]. 思想战线,2013(3):108—113

陶伟,杜小芳,洪艳. 解说：一种重要的遗产保护策略 [J]. 旅游学刊,2009(8):47—52

王春才,赵坚. 城市交通与城市空间演化相互作用机制研究 [J]. 城市问题,2007(6):15—19

王发明. 基于生态观的产业集群演进研究 [M]. 北京：经济管理出版社,2010

王建波,阮仪三. 作为遗产类型的文化线路——《文化线路宪章》解读 [J]. 城市规划学刊, 2009(4):86—92

王建新. 人文视野下的丝绸之路文化遗产保护和考古学研究 [N]. 中国社会科学报,2013—05—06B04

王景慧. 文化线路的保护规划方法 [J]. 中国名城,2009(7):10—13

王丽萍. 滇藏茶马古道文化遗产廊道保护层次研究 [J]. 生态经济,2012(12):136—141

王丽萍. 滇藏茶马古道线形遗产区域保护研究 [J]. 地理与地理信息科学,2012(3):101—105

王丽萍. 文化线路：理论演进、内容体系与研究意义 [J]. 人文地理,2011(5):43—48

王丽萍. 文化线路与滇藏茶马古道文化遗产的整体保护 [J]. 西南民族大学学报 (人文社科版),2010(7):26—29

王雪萍. 文化线路视域下江苏淮盐文化遗产的保护 [J]. 南京农业大学学报 (社会科学版),2012(1):134—139

王艳明. 我国专家发现莫高窟被破坏的主要原因 [N]. 科学时报,2004—7—27(2)

王元林. 丝绸之路古城址的保存现状和保护问题 [J]. 中国文物科学研究, 2010(1): 13—20+34

王志芳, 孙鹏. 遗产廊道——一种较新的遗产保护方法 [J]. 中国园林, 2001 (5): 85—88

王众托. 系统工程引论 [M]. 北京: 电子工业出版社, 2006

魏小安, 王洁平. 创造未来文化遗产 [M]. 北京: 中国人民大学出版社, 2005

翁乃群. 藏彝走廊族群认同及其社会文化背景的人类学研究 [J]. 西南民族大学学报 (人文社科版), 2007(1): 18—19

吴必虎, 李咪咪, 黄国平. 中国世界遗产地保护与旅游需求关系 [J]. 地理研究, 2002(9): 617—626

吴传均. 论地理学的研究核心——人地关系地域系统 [J]. 经济地理, 1991(3): 1—6

吴狄. 北京南站扩建等大型工程破坏地下文物 [N]. 新京报, 2008—10—16

吴祥艳, 付军. 美国历史景观保护理论和实践浅析 [J]. 中国园林, 2004(3): 72—76

吴晓秋. 邮驿文化线路不可移动文物遗存现状调查研究——以川黔驿道贵州段为例 [J]. 贵州师范大学学报 (社会科学版), 2012(4)

吴兴帜. 作为集体记忆与自我延续的物质文化研究——以滇越铁路为例 [J]. 青海民族研究, 2012(3)

谢辰生. 四种倾向威胁当代中国文物保护. 见: 徐嵩龄, 张晓明, 章建刚. 文化遗产的保护与经营: 中国实践与理论进展 [M]. 北京: 社会科学文献出版社, 2003

熊燕. 茶马古道上的宗教文化交流 [J]. 今日民族, 2006(11): 37—39

徐嵩龄. 第三国策: 论中国文化与自然遗产保护 [M]. 北京: 科学出版社, 2005

徐嵩龄. 中国的世界遗产管理之路——黄山模式评价及其更新 (上)[J]. 旅游学刊, 2002(6): 10—18

杨冬冬, 曹磊. 空间结构定量分析的京杭大运河遗产保护研究 [J].

中国园林,2012(3):89—93

　　杨福泉.茶马古道研究和文化保护的几个问题 [J].云南社会科学,2011(4):57—61

　　杨剑龙.论中国城市化进程中的文化遗产保护 [J],中国名城,2010(10):4—9

　　杨上广.中国大城市经济空间的演化 [M].上海:上海人民出版社,2009

　　杨艳蓉.文化线路视野中的五尺道文化旅游发展 [J].中华文化论坛,2012(5):124—128

　　姚迪.巨系统文化遗产保护的探究及现实困境的思索——以大运河保护规划为例 [J].城市规划,2010(1):48—51

　　姚士谋等.中国城市群 [M].合肥:中国科学技术大学出版社,2001

　　姚雅欣,李小青."文化线路"的多维度内涵 [J].文物世界,2006(1):9—11

　　余青,樊欣等.国外风景道的理论与实践 [J].旅游学刊,2006 (5):67—71

　　俞孔坚,奚雪松,李迪华等.中国国家线性文化遗产网络构建 [J].人文地理,2009(3):11—16+116

　　俞孔坚等.中国国家线性文化遗产网络构建 [J].人文地理,2009(3):11—16+116

　　詹嘉.景德镇陶瓷遗产廊道旅游资源研究 [J].陶瓷学报,2014 (5):542—547

　　湛垦华,沈小峰.普利高津与耗散结构理论 [M].陕西:陕西科学技术出版社,1982

　　张安福.新疆丝绸之路中道历史文化遗存保护现状及对策研究 [J].石河子大学学报 (哲学社会科学版),2013(3):34—36

　　张朝枝.旅游与遗产保护——政府治理视角的理论与实证 [M].北京:中国旅游出版社,2006:11

　　张光前,张米尔.基于系统观的技术集成过程模型研究 [J].管理科学,2008(4):31—36

张劲. 信息化对经济区域空间的作用机制 [J]. 现代管理科学, 2010(3): 83—85

张强. 京杭大运河淮安段文化遗产保护与利用研究 [J]. 南京师大学报 (社会科学版), 2013(2): 60—70

张文军. 论邓小平的系统观 [J]. 毛泽东思想研究, 2007(1): 93—95

张永国. 茶马古道与茶马贸易的历史与价值 [J]. 西藏大学学报, 2006(2): 34—40

赵飞羽, 范斌, 方曦来, 赵福祥. 地脉、文脉及旅游开发主题 [J]. 云南师范大学学报, 2002(6): 83—87

赵逵, 杨雪松, 张钰. "川盐古道"文化线路之研究初探 [J]. 华中师范大学学报(自然科学版), 2007(6): 314—317

赵磊, 张皖婷. 耗散结构理论在旅游系统承受阈中的应用研究——基于旅游系统熵原理视角 [J]. 旅游论坛, 2010(2): 10—15+22

郑超雄. 百越古道的文化遗存和文化线路 [J]. 白色学院学报, 2012(1): 52—54

周剑虹. 文化线路保护管理研究 [D]. 西北大学, 2011

周年兴, 俞孔坚, 黄震方. 绿道及其研究进展 [J]. 生态学报, 2006(9): 3109—3116

周重林, 凌文锋. 茶马古道的范围与走向 [J]. 中国文化遗产, 2010(4): 35—41

朱晗, 赵荣, 郗桐笛. 基于文化线路视野的大运河线性文化遗产保护研究——以安徽段隋唐大运河为例 [J]. 人文地理, 2013(3): 70—73+19

朱尖, 姜维公. 黄河故道线性文化遗产旅游价值评价与开发研究 [J]. 资源开发与市场, 2013(5): 553—556

邹统钎, 李飞. 社区主导的古村落遗产旅游发展模式研究 [J]. 北京第二外国语学院学报, 2007(5): 78—86

邹统钎. 中国旅游景区管理模式研究 [M]. 天津: 南开大学出版社, 2006